Rudolph Wagner

Vorstudien zu einer wissenschaftlichen Morphologie des menschlichen Gehirns als Seelenorgan

Rudolph Wagner

Vorstudien zu einer wissenschaftlichen Morphologie des menschlichen Gehirns als Seelenorgan

ISBN/EAN: 9783743486003

Hergestellt in Europa, USA, Kanada, Australien, Japan

Cover: Foto ©berggeist007 / pixelio.de

Weitere Bücher finden Sie auf **www.hansebooks.com**

Vorstudien

zu einer wissenschaftlichen

Morphologie und Physiologie

des

menschlichen Gehirns als Seelenorgan

von

Rudolph Wagner.

Erste Abhandlung.

Über die typischen Verschiedenheiten der Windungen der Hemisphären und
über die Lehre vom Hirngewicht, mit besondrer Rücksicht auf
die Hirnbildung intelligenter Männer.

Mit sechs Kupfertafeln.

Göttingen,
Verlag der Dieterichschen Buchhandlung.

Vorstudien

zu einer wissenschaftlichen

Morphologie und Physiologie

des

menschlichen Gehirns als Seelenorgan

von

Rudolph Wagner.

Erste Abhandlung.

Über die typischen Verschiedenheiten der Windungen der Hemisphären und
über die Lehre vom Hirngewicht, mit besondrer Rücksicht auf
die Hirnbildung intelligenter Männer.

Mit sechs Kupfertafeln.

Göttingen,
Verlag der Dieterichschen Buchhandlung.
1860.

Ueber die typischen Verschiedenheiten

der

Windungen der Hemisphären

und über

die Lehre vom Hirngewicht

mit besondrer Rücksicht auf die Hirnbildung intelligenter Männer

von

Rudolph Wagner.

Mit sechs Kupfertafeln.

Göttingen,
Verlag der Dieterichschen Buchhandlung.
1860.

Gelesen in der Sitzung der Königl. Gesellschaft der Wissenschaften in Göttingen
am 9ten Juni 1860.

Aus dem neunten Bande der Abhandlungen der Königlichen Gesellschaft der Wissenschaften
besonders abgedruckt.

Göttingen,
Druck der Dieterichschen Univ.-Buchdruckerei.
(W. Fr. Kaestner.)

Unter den mannichfaltigen Behauptungen, welche im Laufe der Jahrhunderte über die Wechselbeziehung zwischen einzelnen anatomischen Verhältnissen des Gehirns und seiner Theile zu den Seelenerscheinungen aufgestellt worden sind, haben sich einige als feststehende Lehrsätze auch bei den besonnensten Physiologen erhalten, welche die extravaganten Ansichten des sonst um die Anatomie und Physiologie des Gehirns verdienten Gall und der Phrenologen in Bezug auf die Lokalisation einzelner sogenannten Seelenvermögen auf bestimmte, gleichsam insulare Provinzen des grossen Gehirns, nicht theilen.

Der eine dieser Lehrsätze ist: *dass geistig hochbegabte Männer durch Grösse der Schädelhöhle und ein entsprechend stärker entwickeltes Gehirn, insbesondere der Hemisphären des grossen Gehirns und namentlich der Stirnlappen, ausgezeichnet seyen. Das absolute Hirngewicht sowohl, als das relative Gewicht der Hemisphären zu den übrigen Hirntheilen, sollten beträchtlicher seyn, als bei anderen gewöhnlichen Menschen.*

Der zweite Lehrsatz bezieht sich darauf: *dass man gefunden zu haben glaubte, es zeichnete sich bei sehr intelligenten Männern die Oberfläche der Hemisphären des grossen Gehirns durch zahlreichere Windungen und tiefere Furchen zwischen denselben von anderen gewöhnlichen Gehirnen aus.*

1 *

Bei meinen langjährigen, öfters unterbrochenen, von Zeit zu Zeit immer wieder aufgenommenen anatomischen und physiologischen Hirnstudien bin ich in der letzten Zeit gerade mit der Prüfung dieser beiden Lehrsätze beschäftigt gewesen und ich habe einen Theil meiner Erfahrungen, besonders über den ersten Lehrsatz, bereits in einer Reihe von Mittheilungen der Königlichen Societät vorzulegen die Ehre gehabt, welche im Auszuge in unsern Nachrichten abgedruckt worden sind [1]). Ich schicke mich an, dieselben nun in grösserer Vollständigkeit und Abrundung und mit den nöthigen Abbildungen und Zahlenzusammenstellungen versehen, zur Publikation zu bringen.

Die erste Gelegenheit zu einer strengeren und sorgfältigeren Prüfung der hier in Betracht kommenden Fragen hat mir der uns alle so nahe angehende Verlust unsres grossen Collegen Gauss gegeben. Als derselbe vor 5 Jahren gestorben war, äusserte ich den Wunsch, eine genauere Zergliederung des Gehirns vornehmen zu können, als diess sonst bei gewöhnlichen Privatsektionen möglich ist. Mein verehrter Freund, Herr Hofrath Baum, als behandelnder Arzt, kam von seiner Seite diesem Wunsche bereitwillig entgegen und eben so gab der würdige Sohn unsres grossen Mathematikers, Herr Oberbaurath Gauss in Hannover, welcher gleich nach dem Tode seines Vaters hier eingetroffen war, die Erlaubniss zu einer sorgfältigeren Zergliederung des Gehirns und zu einer weiteren Benutzung und Bekanntmachung, wenn diess im Interesse der Wissenschaft liegen sollte.

Ich führe diess ausdrücklich an, weil meine gegenwärtige Mittheilung nicht nur hiedurch legitimirt wird, sondern mir in dieser Erlaubniss eine Verpflichtung zu liegen scheint, die natürliche Apprehension, welche zuweilen selbst von Vorurtheilen noch weiter als billig gesteigert wird, gegen eine solche Benutzung einer privaten Leichenöffnung zu überwinden. Ich wenigstens kann in einer Verwerthung einer so seltenen Gelegenheit, das Gehirn eines der grössten Denker und Forscher aller Zeiten genauer zu zergliedern und die Ergebnisse in wissenschaftlicher Form darüber bekannt zu machen, keine Verletzung einer Pietät nach irgend einer Seite sehen. Ich betrachte dieselbe

---

1) Vgl. Nachrichten von der G. A. Universität und der Königlichen Gesellschaft der Wissenschaften. 1860. Nr. 7, 12 und 16.

vielmehr als eine Förderung ernster wissenschaftlicher Erkenntniss, für welche, wo sie auch gegeben werden mochte, die ächt akademische Natur unseres gefeierten Collegen stets das grösste Interesse hegte. Indem ich diesen Mittheilungen eine strengwissenschaftliche Form zu geben beabsichtige, wünschte ich gerade eine falsche Popularisirung und dilettantenhafte Behandlung, wie sie der Gall'schen Schule in diesem Gebiete eigenthümlich ist, zu vermeiden.

Merkwürdiger Weise ist trotz der unendlich zahlreichen Untersuchungen über den Bau des Gehirns des Menschen und der vielen tausenden von Sektionen, welche alljährlich vorkommen, bis auf diese Stunde noch kein Versuch gemacht worden, die individuelle Hirnbildung ausgezeichneter Männer durch *sorgfältige* Untersuchungen festzustellen und durch Abbildungen zu fixiren [1]).

Nachdem ich einmal mit Gauss's Gehirn begonnen hatte, suchte ich weiter jede Gelegenheit zu benutzen, um die Gehirne anderer ausgezeichneter Männer zur näheren Untersuchung bei den Sektionen zu erhalten. Die innerhalb der letzten 5 Jahre vorgekommenen Todesfälle an unserer Universität haben mir leider wiederholt die schmerzliche Gelegenheit geboten, meine Wissbegierde zu befriedigen und die Fragen nach dem räthselhaften Wechselverhältnisse zwischen Intelligenz und Hirnbau in mehrfacher Richtung zu verfolgen.

Da solche Untersuchungen nur auf der Basis der Vergleichung geführt werden können, so habe ich natürlich einen Hauptwerth darauf legen müssen, auch die Gehirne anderer Individuen zunächst in Bezug auf obige, so wie andere Fragen zergliedern zu können. Ich habe diese Untersuchung auch auf die Gehirne von Weibern, neu- und frühgeborenen Kindern, so wie, in beschränkter Weise, auf thierische Gehirne ausgedehnt. Dankbar gedenke ich hiebei der Unterstützung meiner hiesigen Special-Collegen in der medizinischen Fakultät, der Herren: von Siebold, Baum, Henle, Hasse, so wie einiger auswärtiger Männer.

---

1) Selbst kürzere Mittheilungen über Hirngewicht und Ansehen des Gehirns, wie sie bei den Sektionen von Cuvier, Dupuytren, Walther dem Chirurgen u. s. m. gegeben wurden, gehören zu den Seltenheiten.

Das Material, das mir vorlag, ist allerdings nicht so reich, als es nöthig scheint, um ganz sichere Resultate zu gewinnen. Namentlich habe ich aus dem Kreise hochgebildeter, geistreicher Frauen bis jetzt noch kein Gehirn untersuchen können. Immerhin sind aber die Ergebnisse von Interesse, wenn auch zum Theil von der Art, dass sie mehr Irrthümer berichtigen, als neue positive Resultate feststellen, welche sie aber anbahnen dürften.

Ich betrachte zunächst die Windungsverhältnisse der Hemisphären.

Alles was man aus Experimenten an Thieren und aus pathologischen Erfahrungen beim Menschen weiss, führt uns zu der Ansicht, dass in dieser mit den reichsten Blutgefässnetzen durchsponnenen grauen Rindenschicht der Windungen des grossen Gehirns die wichtigsten psychischen Processe ihre letzte Vollendung erhalten. Wir wissen, dass eine grössere oder geringere partielle Zerstörung dieser Schicht, wozu die verschiedensten pathologischen Prozesse die Veranlassung geben können, gleichmässig die höheren psychischen Thätigkeiten, insbesondere das geordnete Denken verändern oder selbst zerstören.

Seit lange nun ist es die Aufgabe gewesen, den feineren Bau und den Zusammenhang dieser Schicht mit anderen Hirntheilen zu erforschen, ohne dass diess, wegen der ausserordentlichen Schwierigkeiten und unserer mangelhaften Methoden der mikroskopischen Forschung, bis jetzt genügend erreicht worden ist. Eben so suchte man die Frage zur Entscheidung zu bringen, ob zwischen der Masse der Rindensubstanz der peripherischen Hirnwindungen und der Intelligenz ein Wechselverhältniss obwalte.

Zweierlei anatomische Anordnungen mit möglich gleichem physiologischem Effekte können hier zunächst gedacht werden. Entweder kann die Masse dieser grauen Rindenschicht durch eine Vergrösserung der Oberfläche oder durch eine stärkere Entwickelung in der Dicke vermehrt werden[1]. Eine dieser Anordnungen könnte die andre kompensiren.

---

1) Etwas anders hat Huschke (Schädel, Gehirn und Seele S. 131) das Verhältniss gefasst, indem er zwischen einem *Centralgrau* (in den Hirnganglien) und einem *peripherischen Grau* (Rinde) unterscheidet. Er sagt weiter: „Ein an Windungen armes Gehirn kann daher wegen jenes entgegengesetzten Verhältnisses doch höher stehen gegen ein Hirn mit vielen ausgearbeiteten Windungen, das aber

Eine Vergrösserung der Oberfläche musste man in der Faltung der Hirnrinde realisirt sehen. Wenn von dem Gehirne zweier Menschen (oder zweier Thiere) bei etwa gleich grossem Volum des Gehirns und gleicher Dicke der Rindenschicht, in dem einen eine grössere Anzahl von Falten und grössere Tiefe der Windungen vorhanden war, so konnte man diess als eine Vermehrung derjenigen Elemente der Rinde der Hirnsubstanz betrachten, in welche schliesslich auf eine noch nicht näher bekannte Weise alle diejenigen Fasern einmünden, oder von ihr ausgehen, welche die Eindrücke von den Empfindungs-Nerven und Sinnes-Organen dorthin führen und zur klaren inneren Seelenanschauung bringen oder die Willens-Impulse von da zu den Bewegungs-Nerven leiten. Auch könnte man sich vorstellen, dass der grössere Reichthum in der Gedankenbildung mit der grösseren Zahl der in der Rindensubstanz vorhandenen Elemente von Nervenmasse und dem reicheren Contakt mit den hier befindlichen Blutgefässnetzen wesentlich congruire.

Betrachtete man nun die verschiedenen Thiere auf die Windungsverhältnisse, so glaubte man gefunden zu haben, dass immer zahlreichere Windungen bei grösserer Intelligenz vorhanden wären. Der Elephant mit seinen vielfachen und tiefen Hirnwindungen gab hierin einen auffallenden, oft gebrauchten Beleg.

---

verhältnissmässig mehr Centralgrau und wenig peripherisches enthält. Man hat sich bei den grossen geistigen Fähigkeiten des Hundes häufig über die Armuth seines grossen Gehirns an Windungen verwundert im Vergleiche zu dem weit komplicirteren Windungssysteme des geistesarmen Schafes und hat aus dieser allerdings sonderbaren Erscheinung auch wohl einen Grund gegen die hohe Bedeutung der Windungen entlehnt. In jenem Verhältniss findet dieser scheinbare Widerspruch gewiss seine Aufklärung. Die Wiederkäuer, wie sie im Allgemeinen niederer stehen, als die Carnivoren, sind eben mit dem körperlichen Centralgrau besser bedacht, diese mit der Rinde". Bei aller Hochschätzung für Huschke und seinen werthvollen Beobachtungen und Messungen, muss man doch diese mit „Polaritäten" spielende Methode, welche in dem genannten Werke so oft vorkommt, für eine völlig falsche, für ein Ueberbleibsel aus der naturphilosophischen Periode, erklären. Die Gegensätze, die ich oben anstellte, sind übrigens ganz andre, als die von „Centralgrau" und „peripherischem Grau" im Sinne Huschke's, wie man leicht einsehen wird.

Indess konnten mannichfaltige Zweifel gegen diese Behauptung nicht unterdrückt werden. Schon die Klasse der Vögel ist dieser Anschauung kaum gunstig. Alle Vögel, so verschieden in ihrer psychischen Begabung, haben eigentlich glatte oder windungslose Hemisphären, auch im besten Falle nur wenige und sehr seichte Furchen. Es ist wahr, diese sind bei der gelehrigsten Vogelfamilie, bei den Papageyen, wenn auch sehr sparsam, noch am starksten, immer aber sehr wenig entwickelt. Allerdings bei den in psychischer Hinsicht am niedrigsten stehenden Ordnungen der Säugethiere, den Beutelthieren, Edentaten, Nagern und Insektivoren bleiben die Hemisphären glatt und windungslos; dagegen sind sie bei den Delphinen und Wallfischen, so wie den Wiederkäuern, Pferden und Pachydermen mit reichen Windungen versehen[1]). Jedenfalls übertreffen diese Ordnungen beträchtlich die Katzenarten, Fuchs und Hund, und selbst die höheren Affen an Windungsreichthum.

Ich zweifle jedoch immer mehr, dass diese einfache komparativ-anatomische Betrachtung irgend ausreicht, um so weit tragende Schlüsse daraus zu ziehen. Früher theilte ich auch die von Johannes Müller ausgesproche Hoffnung[2]); jetzt ist dieselbe für mich sehr geringe geworden.

Diese Frage kehrt nun wieder bei der Betrachtung der Gehirne verschiedener Menschen und man muss bei Vergleichung des Windungsreichthums und einer Schlussfolge daraus zu Gunsten des Zusammenhangs mit der Intelligenz gewiss ähnlich auf seiner Hut seyn, wie Galen gegen Erasistratus. Bekanntlich hat dieser berühmte Arzt in Alexandrien schon vor 2000 Jahren durch die Vergleichung des Gehirns des Menschen mit dem der Thiere besondre Aufschlüsse zu erhalten gehofft. Galen sagt von Erasistratus, er

---

1) Wie mochten sie bei den grossen ausgestorbenen Edentaten seyn? Alle sehr grossen Säugethiere, Pachydermen und Fischzitzthiere, sind nie mit glatten, immer mit mehr oder weniger windungsreichen Gehirnen versehen.

2) Vgl. Joh. Müller Handbuch der Physiologie des Menschen Bd. II. S. 805: „In keinem Theile der Physiologie kann man grössere Anforderungen an die vergleichende Anatomie machen, als in der Physiologie des Gehirns". Diese Ansicht gab die Veranlassung zu den Zusammenstellungen von Abbildungen verschiedener Thiergehirne in meinen Icones physiologicae, die vor 21 Jahren publicirt worden sind.

behaupte, dass bei den Menschen ein stärker gewundenes grosses und kleines Gehirn als bei andren Thieren deshalb sich finde, weil die Menschen die übrigen Thiere an geistigen Eigenschaften überträfen. Galen bemerkt aber dagegen, dass er diese Behauptung nicht gerechtfertigt finde, denn die Esel hätten auch ein mit vielen Windungen versehenes Gehirn und diese müssten doch dann wahrlich wegen ihrer psychischen Eigenschaften ein völlig einfaches und windungsloses Gehirn besitzen [1].

Man könnte auch hier wieder auf den Gedanken einer Compensation in der Dicke der grauen Substanz kommen. So könnte also ein Mensch oder ein Thier mit wenigen Windungen, aber vergleichungsweise dickerer Lage der Rindensubstanz, eben so reich an denjenigen Elementen ausgestattet seyn, welche für die psychischen Funktionen als besonders wichtig gelten.

Ich habe mich bemüht, hierüber durch Vergleichung der Gehirne verschiedener Menschen und Messung der grauen peripherischen Substanz an Durchschnitten zu einer Entscheidung zu kommen. Es gelingt dies aber nicht mit einigem Erfolg, wie jeder, der die Verhältnisse näher überlegt und den Versuch macht, finden wird. Auffallend starke, leicht wahrnehmbare Unterschiede kommen nicht vor und kleinere Differenzen aufzufinden und in Rechnung zu bringen ist nicht möglich, weil alles zu komplizirt ist und die Zahl der nothwendigen Durchschnitte in das Ungeheure geht.

Indess ist in Bezug auf die Vergleichung noch ein anderes Verhältniss fest zu halten, welches erst in den letzten Jahren näher beachtet wurde.

Drei Männer, zuerst Leuret [2] schon vor 20 Jahren, dann Huschke [3] und Gratiolet [4] haben auf eine, wie ich glaube überzeugende Weise durch

---

1. Galenus de usu partium. Lib. VIII. Cap. 13. Conf. Claudii Galeni opera ed. Kühn Tom. III. p. 673. Dass die wilden Esel, die in der Freiheit lebenden, grössere psychische Thätigkeiten entwickeln, als die domestizirten und zu Sklaven gewordenen, scheint übrigens sicher.

2) Leuret Anatomie comparée du système nerveux considéré dans ses Rapports avec l'intelligence. Tome premier. Paris 1839.

3) A. a. O. S. 131 u. f.

4) Zuerst in der vortrefflichen Arbeit: Mémoire sur les plis cérébraux de l'homme et des Primatés av. atlas (mit ausgezeichneten Abbildungen), welche gleichzeitig

reichhaltige leider bis jetzt nicht hinreichend beachtete, auch von mir früher unterschätzte Untersuchungen gezeigt, dass in der Morphologie des Gehirns (namentlich bei den Säugethieren) so bestimmte und merkwürdige Ordnungs- Familien- und Sippen-(Genus-)Charaktere sich geltend machen, dass man nicht wohl beliebige, weil im Systeme auseinanderstehende Gruppen von Thieren einer und derselben Classe miteinander vergleichen darf. Ich überzeuge mich, dass diese Untersuchungen, weiter fortgeführt, selbst für die zoologische Systematik von grosser Bedeutung werden dürften. So haben z. B. die Katzen, die Hunde, die Hufthiere und unter diesen wieder einzelne Gruppen, bestimmte *Windungssysteme*, welche allen Arten der entsprechenden Sippe oder Familie zuzukommen scheinen. Die einzelnen Arten unterscheiden sich denn wieder durch bestimmte Nüancirungen der entsprechenden typischen Grundform. Weiter kommen wieder kleinere individuelle Abweichungen bei den verschiedenen Exemplaren derselben Art vor, so dass eine grössere Ausdehnung der Unter- suchungen z. B. auf verschiedene Hunde und Pferde mit Rücksicht auf die edlen und unedlen Rassen, auf die Entwickelung besonderer Anlagen, grössere Abrichtungsfähigkeit u. s. w. nicht ohne Interesse seyn dürfte.

Am auffallendsten und sehr charakteristisch sind diese Verhältnisse bei der Ordnung der Quadrumanen, bei den eigentlichen Affen insbesondre, wo wir stets einen und denselben Grundtypus des Hirnbaues finden, der von der einfachen fast ganz windungs- und furchenlosen Form der kleinen, niederen, in psychischer Hinsicht tiefer stehenden Krallenäffchen bis zum Orang und Chimpanse [1]) merkwürdige Gradationen zeigt und, was ebenfalls sehr interes- sant ist, hier dieselbe Anordnung wahrnehmen lässt, wie sie im menschlichen Gehirne vorkommt. Es existirt hier in der That ein solches typisches Ver- hältniss, dass man sagen kann, in Bezug auf die Windungen sind nur die

---

mit Huschke's Werk erschien; sodann in dem von ihm nach Leuret's Tod ausgearbeiteten zweiten Bande des oben angeführten Leuret'schen Werkes. Paris 1857.

1) Der Gorilla zeigt in seiner Schädelbildung schon eine grössere Annäherung an tiefer stehende Affengattungen. Gratiolet's jüngste Mittheilungen in der Pa- riser Akademie über das Gehirn des Gorilla bestätigen diess und stellen den Gorilla dem Cynocephalen näher. Vgl. Comptes rendus 1860. Nr. 18.

Affen unter sich vergleichbar. Aber wie die Gesammtform des Körperbaues der Affen offenbar der menschlichen Körperform am nächsten steht, gleichsam nur ein modifizirter Ausdruck derselben ist, so ist auch das menschliche Gehirn und das Affengehirn nach einem und demselben vergleichbaren, von dem Hirnbau der übrigen Säugethiere verschiedenen, Typus gebildet.

Gratiolet hat darnach eine neue Terminologie für das menschliche und Affengehirn entworfen. Erst durch dieselbe, so wie durch die gleichzeitig und unabhängig davon von Huschke gegebene Topographie der menschlichen Hirn-Windungen wird es möglich, diese letzteren genauer zu klassifziren und zu beschreiben. Bis zu diesen jüngsten Publikationen fehlen selbst genügende Abbildungen der Oberflächen des menschlichen Gehirns. Denn es erschienen auch dem geübten Anatomen die Windungen im Gehirn zu chaotisch, zu unregelmässig; man glaubte einen Haufen Gedärme vor sich zu haben, deren einzelne Lagen mehr zufällig seyen. So fassten es auch die Zeichner auf und fertigten die Abbildungen nach einem allgemeinen Habitus. Die Versuche, die Anordnung dieser Windungen auf eine bestimmte Grundform zurückzuführen, gelangen nicht. Einer der kundigsten Neurologen unserer Zeit, dem wir den besten Atlas über das menschliche Gehirn verdanken, Fr. Arnold, sagt noch vor 10 Jahren, dass nur einige Windungen eine deutliche Richtung und Begrenzung zeigen [1]).

Um aber eine leichte und sichere Uebersicht der Hirn-Windungen zu gewinnen, ist es nöthig, die Entwickelungsgeschichte des menschlichen Gehirns zu Hülfe zu nehmen und von dieser auszugehen.

Bekanntlich sind die Hemisphären beim menschlichen Fötus bis über die Mitte der Schwangerschaft hinaus noch fast ganz glatt und unter den Spalten ist nur die grosse Sylvische Spalte vorhanden, welche mit ihren Fortsetzungen

---

1) Fr. Arnold Handbuch der Anatomie des Menschen. Bd. II. (1851) S. 729. Das Urtheil über den Arnold'schen Atlas gilt selbst noch nach dem Erscheinen des noch nicht vollendeten, daher von mir weniger citirten schätzbaren Atlas von Reichert. Es ist schade, dass der Verfasser den harten Stahlstich für ein so weiches Gebilde gewählt hat, für welches Soemmerring's Tabula baseos encephali immer als Muster der Behandlung gelten wird. Namentlich tritt diess ungünstig bei den Fötal-Gehirnen hervor.

2*

die verschiedenen Lappen seitlich abgränzt [1]), so wie die erste Anlage der hinteren Hirnspalte (fissura occipitalis posterior).

Noch zwischen der 28sten und 30sten Woche finde ich die Windungen unvollendet. Von jetzt an aber schreitet die Furchenbildung so rasch vor, dass mit der 34sten Woche auch die am spätesten vollendeten Windungen auf der Oberfläche der Stirnlappen vorhanden sind und um diese Zeit, sicher aber mit der Geburt, halte ich bereits alle Haupt-Windungen und Furchen für so ausgebildet und geordnet, wie sie beim Erwachsenen und bis zum Schlusse des Lebens erscheinen. Die Windungen können unter pathologischen Verhältnissen oder im hohen Alter atrophisch werden, aber ihren Grundcharakter verändern sie nicht mehr [2]).

Ich habe mich von dieser Thatsache noch in jüngster Zeit durch die Untersuchungen bei neugeborenen Kindern überzeugt, wozu mir unser verehrter Herr College von Siebold die Gelegenheit gab.

Es scheint, dass die Lebensfähigkeit des Kindes mit der Vollendung der Hirnwindungen in ihrer typischen Anlage ungefähr zusammenfällt. Sollte der Termin dauernder Lebensfähigkeit früher als in die 30ste oder gar 28ste Woche fallen, so würde ich dann in diesen Fällen noch eine weitere Ausbildung der Windungen nach der frühen Geburt annehmen.

Dies gilt nur von den Hauptfurchen und Hauptwindungen, welche überall dieselben sind; die kleineren untergeordneten Furchen und Windungen zeigen zahlreiche individuelle und, wie es scheint, auch geschlechtliche Verschiedenheiten.

---

1) Es scheint jedoch, dass im fünften Monat leichte Eindrücke und Kräuselungen auf den Stirnlappen, als Vorläufer der Windungen, auftreten und dann stehen bleiben, bis die anderen primären Hirnfurchen angelegt sind. Noch habe ich mir in neuerer Zeit nicht so viele Fötal-Gehirne verschaffen können, um diess interessante Verhältniss weiter zu verfolgen.

2) In wie weit, neben den früher vollendeten *primären* Hirnfurchen, später beim Wachsthum noch weitere *secundäre* Furchen (im Sinne Reicherts) sich ausbilden können, bedarf noch besonderer Untersuchungen. Vergebens habe ich auch bisher in dieser Hinsicht auf den schon früher versprochenen Abschluss von Reicherts Hirn-Atlas gewartet, so dass ich vorziehe, diese Verhältnisse hier noch einstweilen unbesprochen zu lassen.

Die genauere Kenntniss dieser Verhältnisse hat nicht bloss ein theoretisches Interesse, sondern auch ein praktisches, über das Bedürfniss der blossen Formbeschreibung hinausgehendes. Erst jetzt wird es möglich, bei Sektionen rasch und bestimmt die Stellen zu bezeichnen, in denen man krankhafte Veränderungen findet. Deren Ausdehnung und Begränzung ist nunmehr sicherer anzugeben. Erst wenn wir eine Reihe solcher Beobachtungen über die pathologischen Veränderungen einzelner Windungszüge haben, wird es uns möglich werden, aus vielen Sektions-Ergebnissen weitere Schlüsse zu ziehen und dieselben für die fernere Ausbildung der Physiologie des Gehirns zu verwerthen. Vielleicht gelingt es auch dann die physiologische Bedeutung einzelner Windungszüge festzustellen, was bis jetzt nur den Phrenologen, nicht den Physiologen, gelungen zu seyn scheint.

Ich gehe hier zunächst auf eine ·Beschreibung der äusseren Oberfläche und zwar nur der wichtigsten Ansichten derselben, von oben, von der Seite und von vorne ein. Die Basalfläche und die einander zugewendeten, durch die grosse Längsspalte (Incisura longitudinalis cerebri) getrennten, inneren auf dem Balken aufliegenden Flächen zeigen eine einfachere, konstantere und bereits mehr bekannte Anordnung; daher ich von einer weiteren Beschreibung derselben vorläufig abstrahire [1]).

Indem ich mich vorzüglich an die Arbeiten von Huschke und Gratiolet, besonders des Letzteren, anschliesse, gebe ich mit einigen Modifikationen und Vereinfachungen in der Benennung und Bezeichnung nachfolgende Darstellung und Terminologie mit dem Wunsche, dass dadurch eine allgemeinere Kenntniss und Annahme für die Folge erreicht werden möge.

Man unterscheidet an den Hemisphären des grossen Gehirns am besten folgende paarige Hauptlappen:

1. *Stamm*- oder *Centrallappen* (lobus centralis).
2. *Stirnlappen* (lobus frontalis).
3. *Scheitellappen* (lobus parietalis).

---

[1]) Um so mehr, als besondre Umstände eine Vermehrung der Tafeln für den Augenblick nicht gestatteten und ich andre noch vorkommende Verhältnisse der hier beschriebenen Gelehrten-Gehirne erst später werde angeben können.

4. *Schläfelappen* (lobus temporalis).

5. *Hinterhauptslappen* (lobus occipitalis).

Es sind dies die mehr oder weniger allgemein angenommenen halb künstlichen, halb natürlichen Eintheilungen; künstlich, in so ferne die Lappen nur an der Peripherie sich abgrenzen lassen, unter einander ohne scharfe Grenzen zusammenhängen; natürlich, in so ferne sie bestimmten Abtheilungen der Schädelhöhle und einzelnen Schädelknochen mehr oder weniger entsprechen.

Der Stammlappen [1]) ist eine, wie es scheint, nur dem Menschen und den Quadrumanen zukommende Bildung, ausgezeichnet durch die geraden, senkrecht stehenden meist 5 bis 7 und mehr Randwülste, welche zunächst die in den Bezirk des Streifenhügels (corpus striatum) eintretenden Haupt-ausstrahlungen des Hirnstammes (caudex cerebri) und der entsprechenden Balkenstrahlungen aufnehmen, nach aussen die Vormauer (Claustrum s. nucleus taeniaeformis) und weiter den Linsenkern begrenzen und im Inneren der Hemisphären von den Seitenventrikeln bogenförmig umzogen werden, während äusserlich die tiefste und grösste Hirnspalte mit ihren Fortsetzungen, die Sylvische Spalte, zu diesen Randwülsten unmittelbar führen. Dieser Stamm-oder Centrallappen wird bekanntlich von aussen nicht gesehen; man muss den Klappdeckel, der von den seitlich herablaufenden Windungen des Scheitel-lappens vorzüglich gebildet wird, aufheben oder wegnehmen.

Gratiolet giebt an, dass dieser Lappen in den meisten Affen ganz glatt (ähnlich wie beim menschlichen Fötus im 5ten Monat) ist, dagegen vielleicht beim Orang und Chimpanse einige Windungen zähle, was er nicht genau habe konstatiren können. Ich finde bei dem Gehirn eines Orang-Utangs, das ich der gütigen Mittheilung des Herrn Professor Leuckart's in Giessen verdanke, 4 bis 5 kurze Windungen. Die Zahl beim Menschen wird von

---

1) Die *Insel* Reils, der *Zwischenlappen* (lob. intermedius s. opertus s. caudicis.) Arnold gab eine mittelmässige Abbildung lc. anat. Tab. VI. Fig. 2. g. g. g. Tab. IV. Fig. 5. b. Im Querdurchschnitt. Eine bessere Abbildung der entspre-chenden Windungen (gyri breves) s. bei Foville traité complet du système cérébro-spinal. Tab. 12. C. C. C. F. und Tab. 10. c. c. c. Tab. IX. V. bei Reichert s. a. O. — Pl. XVII. Fig. 2. bei Leuret.

5 bis 7 angegeben, weil gewöhnlich zwei davon gespalten sind, jedoch nach unten mit einfacher Wurzel entspringen; nach oben sind daher meist 7 bis 10 Randwülste (gyri breves) zu unterscheiden.

Betrachtet man, um sich weiter in der Topographie der Hirnwindungen zu orientiren, die Oberfläche des Gehirns gerade von oben, so markiren sich zunächst mehr oder weniger in der Mitte der gewölbten Fläche zwei geschlängelte der Quere nach verlaufende Wülste oder Windungen, die zwischen sich eine tiefe Furche haben. Sie treten nahe der Mitte jederseits aus der grossen Längsspalte der beiden Hemisphären hervor, mehr oder weniger der Mitte der Pfeilnaht gegenüber, und beugen sich seitlich herab, um den Haupttheil (die zwei mittleren Windungen) des Klappdeckels zu bilden, welcher den Stammlappen zudeckt. Genau betrachtet laufen sie nicht quer, sondern schief von innen, vom Rande der grossen Hirnspalte, nach aussen und vorne, beide also etwas V förmig divergirend. Es sind die beiden längsten Hirnwindungen und sie haben zwischen sich die längste Spalte oder Furche, die Rolando'sche oder, wie wir sie mit Huschke nennen wollen, die *Centralfurche* [1]) (Fissura centralis, Scissura Rolando zuerst von Leuret genannt).

Der geschlängelte Randwulst vor ihr ist die *vordere Centralwindung* Huschke's (gyrus centralis anterior, premier pli ascendant Gratiolets) [2]) und diese giebt nach vorne die auf ihrer Längsaxe senkrecht stehenden Windungen des Stirnlappens ab, während der Wulst hinter ihr die Windungen für Hinterhaupt- und Schläfe-Lappen abgiebt, die *hintere Centralwindung* Huschke's (gyrus centralis, deuxième pli pariétal ascendant) [3]) bildet.

Von der Betrachtung dieser beiden Windungen und der sie trennenden Rolando'schen Spalte muss man immer ausgehen; man muss sie immer

---

1) Diese *Centralspalte* ist auf den Tafeln mit C bezeichnet.

2) Sie ist auf den Tafeln überall mit A bezeichnet. Nachdem Vicq d'Azyr und Rolando dieselbe schon besonders erkannt hatten, giebt ihr Foville zuerst den Namen Circumvolution transversa pariétale antérieure. Vgl. Foville Traité complet etc. Pl. X. K. K.

3) Bei Foville ebendas. mit t t. als Circumvolution transversa médiopariétale bezeichnet.

zuerst aufsuchen, um sich von da in dem scheinbaren Chaos der Hirnwindungen zu orientiren.

Am besten ist es, hier zunächst die Entwickelung des Gehirns in der
zweiten Hälfte der Schwangerschaft zu Hülfe zu nehmen. Die Rolando'sche
Spalte markirt sich zuerst klar und deutlich, immer später als die Sylvische,
in der 20sten bis 24sten Woche [1]. Noch im 7ten Monate zeigt sich der
vordere Wulst nach vorne gegen den Stirnlappen noch nicht so abgegrenzt,
weil die Stirnlappen-Windungen erst angelegt, noch nicht vollendet sind und
hier eine mehr oder weniger dickwulstige, ungefurchte Parthie vorhanden ist.
Etwas stärker ist die hintere Centralwindung (B) abgegrenzt, aber öfter
ungleich auf beiden Seiten, wie die Ansicht eines in natürlicher Grösse abgebildeten Gehirns eines Fötus vom Ende des 7ten Monates wahrnehmen
lässt [2]).

Interessant ist hier ein Vergleich mit den Affen-Gehirnen. Die Gattung
Hylobates, die langarmigen Affen, welche dem Orangs zunächst stehen, scheinen ein Gehirn zu besitzen, das in der Anordnung dieser Bildung beim
Menschen im 7ten Monate am meisten entspricht. Man wird finden, dass die
abgebildete Figur des Gehirns von Hylobates leuciscus [3] sehr grosse Aehnlichkeit
mit dem 7monatlichen Fötus-Gehirn hat. Auch die Cebus-Arten zeigen im
wesentlichen diese Anordnung.

Beide Centralwindungen erscheinen in früheren, selbst guten Abbildungen
des Gehirns nicht scharf markirt [4]. Sie treten immer deutlich hervor bei

---

1) Ein solches Gehirn ist dargestellt bei Reichert Tab. XII. Fig. 48.
2) Vgl. Tab. I. Fig. III. Aehnliche Darstellungen finden sich bei Leuret Pl. XVI.
Fig. I. von einem 7monatlichen Kinde, das einige Tage lebte. Hier ist die
vordere Centralwindung mit SSS, die hintere mit S'S'S' bezeichnet. Leuret
nennt beide: Circumvolutions supérieures séparée l'one de l'autre par la scissure
de Rolando. Gratiolet giebt Abbildungen bei Leuret Tome II. Atlas. Pl.
XXX. von einem 6monatlichen Fötus Fig. 2 und 3 mit P. F. A. und P. P. A. bezeichnet. Eben so von einem 7monatlichen Kinde Pl. XXXI. Fig. 1 u. 2. Hieher
gehört auch die Figur bei Reichert Tab. XII. Fig. 49.
3) S. Tab. I. Fig. IV. Vgl. Gratiolet Planche IV. Fig. 4.
4) So z. B. nicht kenntlich bei Langenbeck und Arnold. Bei Fovillo sind
sie nicht deutlich genug abgesetzt. Haschke giebt sie auf seinen photogra-

Gehirnen mit einfacheren Windungen, bei weiblichen Gehirnen; erscheinen aber stärker gewunden und daher oft mehr eingesenkt und wie unterbrochen in sehr ausgebildeten und windungsreichen Gehirnen, z. B. bei Dirichlet, Fuchs und Gauss. Schärfer markirt fand ich sie im Gehirne C. F. Hermanns und besonders Hausmanns.

Beide Windungen bilden, wie gesagt, den Haupttheil des Klappendeckels, an dessen Rand sie nach unten in die Sylvische Spalte umbiegen. Sie entspringen mit gemeinsamer Wurzel von der inneren Fläche jeder Hemisphäre. Diese Wurzel bildet einen kleinen Lappen am oberen Rand der Bogenwindung (gyrus fornicatus) dem sie angrenzen. Die Lage dieser Wurzel ist gewöhnlich etwas vor der hinteren Umrollung des Balkens oder dem Balken-Wulst. Die beiden Centralwindungen liegen öfters asymmetrisch auf beiden Seiten, bald auf der einen Hemisphäre etwas weiter nach vorne, bald auf der andren mehr nach hinten. Im Allgemeinen kann man sagen, dass die vordere Windung hinter der Sutura coronalis verläuft.

Centralwindungen und Centralspalte sind in allen höhern Affengehirnen, selbst zum Theil bei den Krallen-Aeffchen, deutlich angedeutet; am schönsten beim Chimpanse, weniger beim Orang-Utang, obwohl auch hier kenntlich genug [1]). Von den vorderen Centralwindungen entspringen nun mit ihren Wurzeln in senkrechter Richtung auf sie aufgesetzt die Stirnwindungen, deren man 3 oder 4 zählt, indem die innerste am häufigsten getheilt ist. Huschke hat davon schon eine recht gute und sehr ausführliche Beschreibung gegeben, so dass ich mich auf eine kurze Darstellung beschränken kann. Huschke betrachtet sie als die vorderen Abschnitte der von ihm angenommenen hufeisen- oder ringförmig in der Langsaxe der Hemisphären verlaufenden Urwindungen,

phärten Tafeln überall kenntlich. Leuret's Gehirne eines Südamerikaners (Charruas) a. a. O. Pl. XX. S und S' und das Gehirn des Mörders Fieschi Pl. XXII zeigen sie deutlich; eben so Gratiolet's Gehirn eines Franzosen und der Hottentotten-Venus Pl. I und II. mit 4 und 5 bezeichnet. Auf Tiedemann's Gehirn eines Negers und der Hottentotten-Venus sind sie zwar nicht bezeichnet, aber deutlich erkennbar.

1) Vgl. die schönen Abbildungen von Gratiolet a. a. O.

wozu ihn die Analogie der Bildungen bei den Fleischfressern, namentlich den Katzen und seine naturphilosophische Tendenz-Morphologie führt, von welcher die Entwickelungsgeschichte des Gehirns beim Menschen und den Affen aber nichts weiss [1]).

Ich nehme drei *Stirnlappenwindungen* (gyri frontales) an, entsprechend dem ersten bis vierten Zug der Urwindungen von Huschke und dem Etage frontal supérieur, moyen et inférieur ou surciller von Gratiolet.

Die *erste, obere Stirnlappenwindung* [2]) (Gyrus frontalis primus s. superior), oberer oder dritter Zug bei Huschke, entspringt mit einfacher Wurzel und verläuft der grossen Längsspalte zunächst am inneren Rande jedes Stirnlappens. Sie spaltet sich in der Regel bald in zwei geschlängelte öfters wieder anastomosirende und dadurch die Huschke'schen Inseln bildenden Wülste oder Windungen und geht vorn auf den Boden der vordersten Schädelgrube in die Orbitalparthie des Stirnlappens über. Bei den höheren Affen, dem Orang und Chimpanse, besonders dem letzteren, ist sie wie beim Menschen bald einfach, bald gespalten, wenigstens mit Eindrücken, als Andentungen der Spaltung, versehen [3]). Bei den andren Affen scheint sie immer einfach, einen breiten kaum abgetheilten Wulst zu bilden, wie beim 7monatlichen Fötus des Menschen. (Vgl. Tab. I. Fig. III.).

Die *zweite* oder *mittlere Stirnlappenwindung* [4]) (Gyrus frontalis secundus s. medius) entspringt mit einfacher Wurzel weiter nach aussen von der vorderen Centralwindung, von welcher auch häufig ein Querast oder eine kurze Windung zur ersten Stirnlappenwindung hinübergeht. Sie verläuft meist un-

---

1) Es ist, wie schon früher bemerkt, fast unbegreiflich, dass Huschke, neben seinen gesunden Anschauungen, immer noch nicht aus jener Analogieenjagd der ersten Decennien unsres Jahrhunderts herauskommt, dass bei ihm jene „Polarität" noch eine solche Rolle spielt, wo man die Milz als die polare Leber der linken Seite betrachtete und damit eine Erklärung gegeben zu haben glaubte.

2) Allgemein auf den Tafeln mit a' a' bezeichnet.

3) Mehr einfach und wenig getheilt ist sie z. B. bei Fieschi und dem Charrua° (Atlas von Laurel), bei der Hottentotten-Venus und beim Neger (bei Tiedemann).

4) Sie ist überall auf den Tafeln mit a² a² bezeichnet.

getheilt, aber mehr oder weniger gewunden nach aussen von der vorigen und biegt eben so vorne und nach unten um, um an der Orbitalfläche zu enden, anastomosirt auch wohl vorne zum Theil mit dem äusseren Aste der vorigen und der folgenden Windung. Sie ist auch bei der Mehrzahl der Affen, namentlich den höheren, kenntlich.

Die *dritte*, *untere* oder *äussere Stirnlappenwindung* [1]) (Gyrus frontalis tertius s. inferior s. externus, erste Urwindung bei Huschke) begrenzt den Stirnlappen nach aussen und unten, wo sie den vorderen Theil des Randes des Klappdeckels, am aufsteigenden Aste der Sylvischen Spalte (fissura ascendens) vorläuft, hier von der vorderen Centralwindung entspringend. Sie geht in die Orbitalwindung auf der unteren Fläche des Stirnlappens über und erscheint zuweilen durch Spaltung nach vorne doppelt.

In der seitlichen Ansicht des Gehirns (vergl. z. B. Tab. IV, das Gehirn von Gauss) erscheinen die 3 Stirnwindungen als übereinander liegende geschlängelte, ziemlich schmale Wülste, unter einander und mit der ersten Centralwindung durch Brücken verbunden.

Diese Stirnwindungen, besonders die erste und zweite, zeigen eine grosse Verschiedenheit bei den einzelnen Individuen; in dem grösseren oder geringeren Windungsreichthum dieser Hirnpartie liegt der Hauptunterschied, wenigstens der äusserlich auffallendste der einzelnen Gehirne. Sie erscheinen verschieden lang bei verschiedenen Individuen; hiernach zeigt sich der Stirnlappen überhaupt grösser oder kleiner (länger oder kürzer), wodurch dann natürlich auch die Lage der Centralwindungen bald weiter nach vorne, bald mehr nach hinten gerückt erscheint.

Eben so, wie von der vorderen Centralwindung drei Stirnlappenwindungen entspringen, so gehen nach hinten von der zweiten Centralwindung drei ähnliche Windungszüge aus und bilden mit jenen den Scheitellappen; aber indem diese Windungen nicht langgeschlängelt, wie aufgelöste Locken, nebeneinander (was bei den Stirnwindungen der Fall ist) verlaufen, sondern mehr knäuelförmig, bilden sie vielmehr rundliche oder längliche Lappen oder kleine Convolute von Windungen. Ich nenne sie die drei *Scheitellappen-Windungen*.

---

1) a³ a³ der Tafeln.

Die *erste Scheitellappenwindung* [1]) (gyrus parietalis superior, *Vorzwickel*, praecuneus, Burdachs und Huschke's, lobule du deuxième pli ascendant bei Gratiolet) bildet meist drei enge, hintereinander liegende Schlängelungen zur Seite der grossen Längsspalte, entspringt aus der hintern Centralfalte mit einer oder zwei Wurzeln und reicht nach hinten bis zum oberen Ende der *senkrechten hinteren Hirnspalte* (fissura occipitalis s. posterior, scissure perpendiculaire interne) welche an der innern Fläche jeder Hemisphäre so deutlich ist[2]) und hier zwischen Vorzwickel und Zwickel zu dem hinteren Ende des gyrus hippocampi und zur hinteren Umrollung des Balkens verläuft. Das untere innere Ende verbindet sich mit der Bogenwindung (gyrus fornicatus).

Nach aussen von dieser Windung, oft mit der äusseren Wurzel derselben, entspringt eine ansehnliche Windung, die als faltenreiches Convolut nach unten reicht, hier durch die horizontale Verlängerung der Sylvischen Spalte (fissura horizontalis) von der oberen Windung des Schläfelappens sich abgrenzt und nach vorne mit einer zweiten Wurzel in den hintern Rand des absteigenden Theils der hinteren Centralwindung übergeht. Hier bildet die letztre fast stets einen mehr oder weniger breiten, dreieckigen, spornartigen Fortsatz, den man auch, wie Gratiolet, zur dritten Parietalwindung selbst rechnen kann, deren untere oder zweite Wurzel er bildet und welcher den hinteren Theil der oberen Lippe des Klappdeckels über der Horizontalspalte der Sylvischen Grube begrenzt. Es ist diese Windung die *dritte* oder *untere Parietalwindung* [3]) (gyrus parietalis tertius s. inferior), unterer Zug aus der hinteren Centralwindung und zugleich Scheitelhöckerläppchen bei Huschke, lobule du pli marginal supérieur bei Gratiolet. In der Lage entspricht sie ziemlich dem Scheitelhöcker (tuber parietale), so dass man sie auch *Scheitelhöckerwindung* (gyrus tuberis, lobulus tuberis bei Huschke) nennen könnte.

Zwischen den oben beschriebenen beiden Vförmig nach hinten auseinan-

---

1) Auf den Tafeln mit b' b' bezeichnet.

2) Sie bildet sich als primäre Furche schon sehr früh, nach der Sylvischen und Rolandoschen Spalte im 5ten Monate. Sie ist auf einem Theile der Tafeln mit D bezeichnet.

3) Mit b³ b³ b³ bezeichnet.

der weichenden Windungen (ersten und dritten Parietal-Windung) tritt nach hinten die *zweite* oder *mittlere Scheitellappen-Windung* [1]) (gyrus parietalis secundus s. medius, aufsteigende Windung zum hinteren äusseren Scheitellüppchen bei Huschke, pli courbe bei Gratiolet [2]) an Tage. Sie liegt nach hinten und unten vom tuber parietale, wird nach vorne von dem zwischen dieser Windung und der vorigen liegenden oberen Wurzel der ersten Schläfelappen-Windung begrenzt, in die sie übergeht, nach hinten und unten aber durch eine wahrscheinlich nur sekundäre Furche vom Hinterhauptslappen geschieden, welche Spalte nach aussen der inneren fissura occipitalis perpendicularis entspricht.

Der *Schläfelappen*, welcher zugleich den Unterlappen in der mittleren Schädelgrube bildet, besteht beim Menschen und den höheren Affen nach aussen sehr allgemein aus drei deutlichen, parallelen, übereinander liegenden Windungen, einer oberen mittleren und unteren, welche letztere bei einzelnen Menschen z. B. der Hottentotten-Venus, nicht vollständig von der mittleren getrennt erscheint, so dass hier der Schläfelappen an der äusseren Seite nur aus zwei deutlichen Windungen formirt wird, wie es auch bei der Mehrzahl der Affen der Fall ist. Jedoch kommt hiezu auf der Basis noch eine vierte Windung, welche durch eine tiefe Längsspalte vom gyrus hippocampi abgegrenzt ist, welchen letzteren man gewissermassen als die fünfte unterste und innerste Schläfelappenwindung betrachten kann.

Die *erste, obere Schläfelappen-Windung* [3]) (gyrus temporalis primus, obere Schläfewindung Huschke's, pli marginal supérieur) ist ein langer, starker Randwulst, bei einzelnen Gehirnen mehr oder weniger geschlängelt, welcher zwischen der zweiten und dritten Parietalwindung, oder auch von ersterer entspringt und längs des horizontalen Astes der Sylvischen Spalte, bis zur unteren Spitze des Lappens, herabsteigt, um hier in die untere Schläfelappen-Windung einzubiegen. Biegt man denselben stark vom Rande des Klappenwulstes ab, so sieht man, dass er zwei bis drei starke, gerade Randwulste in die

---

1) b¹ b² b³ der Tafeln.
2) bei Gratiolet s. a. O. mit b' bezeichnet.
3) c' c' c' der Tafeln.

Tiefe nach oben schickt, welche hinter den beiden letzten gyris brevibus des Stammlappens, parallel mit diesen und gleichsam noch einige gyri breves bildend, in den hinteren Theil des Daches der Sylvischen Spalte treten, das zwischen dem Stammlappen und dem Klappdeckel formirt wird.

Die zweite oder *mittlere Schläfelappen-Windung*[1]) (gyrus temporalis secundus s. medius, mittlere Schläfewindung Huschke's, pli temporal moyen bei Gratiolet) läuft parallel unterhalb der vorigen, meist noch dicker und mehr gewunden und von letzterer durch eine ansehnliche Spalte, die *obere Schläfespalte* (fissura temporalis superior) getrennt.

Die *dritte oder untere Schläfelappen-Windung*[2]) (gyrus temporalis tertius s. inferior, untere Schläfewindung Huschke's, pli temporal inférieur Gratiolets) ist mittelst einer durch mehrere kurze Brücken der 2ten und 3ten Windung unterbrochenen Furche, fissura temporalis inferior, von der vorigen getrennt.

Der hintere Hirnlappen oder *Hinterhauptslappen* ist beim Menschen überhaupt wenig, viel stärker bei den Affen entwickelt, wo er oft durch eine starke Querspalte, der Rolando'schen Centralspalte mehr oder weniger parallel, von den Parietallappen abgegrenzt wird und zuweilen fast ganz windungslos erscheint.

Man kann an demselben, wenn man die innere Fläche jeder Hemisphäre hinzurechnet, ebenfalls drei Windungen unterscheiden, die jedoch stets mehr künstlich sind und sich schwieriger abgrenzen lassen, als die bisher beschriebenen.

Am gesondertsten erscheint noch die *erste, obere Hinterhauptslappen-Windung*[3]) (gyrus occipitalis primus, *Zwickel*, Cuneus, bei Burdach und Huschke, pli supérieur du passage bei Gratiolet). Dieselbe liegt hinter der ersten Parietal-Windung oder dem *Vorzwickel* zu beiden Seiten der grossen Längsspalte. Sie wird nach vorne begrenzt von der fissura occipitalis interna, nach hinten von der fissura posterior s. occipitalis horizontalis, Scissura Hippocampi Gratiolets). Zu ihr rechne ich auch die beiden Zwischenschei-

---

1) Auf den Tafeln c² c³ c⁴.
2) Ebendas. c³ c³ c³.
3) Vgl. d² d¹ d¹ der Tafeln.

tellappeben Huschke's, étage supérieur et inférieur du lobe occipital bei Gratiolet, welche die hintere Spitze des Hinterhauptslappens bilden helfen.

Die *zweite* oder *mittlere Hinterhauptslappen-Windung* [1]) (gyrus occipitalis medius s. secundus; deuxième, troisième et quatrième pli du passage Gratiolets, bei Huschke nicht besonders unterschieden) füllt mit zwei geschlängelten Windungen und mehreren Eindrücken insularisch den Raum zwischen der darüber liegenden zweiten Scheitellappen-Windung, den nach vorne liegenden Ursprüngen der zweiten und dritten Schläfelappen-Windung (welche letztre von ihr entspringt) und der stumpfen Spitze des Hinterhauptlappens aus. Diese wird nach unten von der *dritten, unteren Hinterhauptslappen-Windung* [2]) gyrus occipitalis tertius s. inferior vervollständigt (zugleich vom hinteren Ende des Zwickels gebildet).

Da diese Hinterhaupts-Windungen mehr mit einander verfliessen, weniger scharf markirt erscheinen, als die übrigen, so ist die Eintheilung jedenfalls künstlicher, auch von Huschke und Gratiolet abweichender. Auch zeigen die einzelnen Gehirne hier weniger auffällige Unterschiede, jedoch in der Regel, wo das Gehirn überhaupt, insbesondre der Stirnlappen, zusammengesetzter ist, sind es auch die Parietal- und Occipital-Windungen, wie man bei den Gehirnen von Dirichlet und Gauss wahrnehmen kann. Je reicher die Windungen, je stärker und zusammengesetzter die Faltenbildung, um so asymmetrischer erscheinen auch dem Auge beide Hemisphären eines und desselben Gehirns.

Sind diese 14 Hauptwindungszüge, welche wir an der oberen und äusseren Seitenfläche der Hemisphären unterschieden haben, auch nur künstliche Eintheilungen, so haben sie doch den Vortheil z. B. der Reil'schen Topographie des kleinen Gehirns. Man kann sie benutzen, wie früher erwähnt wurde, um daran pathologische Veränderungen schärfer, als es bisher möglich war, zu bezeichnen. Die genetischen Beziehungen zur Entwickelung im Fötus und die systematischen zum Schema des Quadrummengehirns geben den genannten

---

1) d² d³ und
2) d⁴ d⁵ der Tafeln.

Zügen wenigstens theilweise den Werth eines typischen morphologischen Charakters. Es ist ein System von Homologieen.

Eine nähere Vergleichung der drei Gehirne berühmter Gelehrter mit dem
Gehirne eines gemeinen Mannes, eines einfachen Handarbeiters, wie sie in der
Erklärung der Tafeln gegeben ist, wird das Verständniss und die Auffindung
dieser Windungsprovinzen weiter erleichtern. Dieser Kupfererklärung habe
ich versucht eine gedrängte Uebersicht der hauptsächlichsten Resultate der
spezieller verzeichneten Beobachtungen in den Windungsverhältnissen der Hirnoberfläche beim Menschen bei zu geben.

Noch darf man sich der Hoffnung nicht hingeben, die von Erasistratus
angeregte, von Galen bezweifelte Frage über die Beziehung des Windungsreichthums zur Intelligenz, auf verschiedene menschliche Individuen angewendet, gelöst zu sehen. Auch die vorliegende Arbeit ist nur der Anfang einer
ernsten, schweren und mühevollen Untersuchung.

Allerdings sind die Gehirne unserer beiden grossen Mathematiker mit
sehr reichen und tiefen Windungen versehen; sie gehören zu den reichsten,
die ich bis jetzt beobachtet habe. Besonders reich und ansehnlich sind die
Stirnwindungen. Specifische Formen und Anordnungen kommen aber nicht
vor. Es ist schade, dass das Gehirn von La Place, das im Besitze Magendies sich befand und dessen jetzigen Aufbewahrungsort ich nicht kenne, zur
Vergleichung nicht benutzt werden konnte. Es würde sich freilich wohl daran
eben so wenig ein für die mathematische Begabung charakteristisches spezifisches Formelement herausgestellt haben.

Noch ist die Zahl der Fälle zu geringe, um einen allgemeinen Schluss
daraus zu ziehen. Zunächst wären nunmehr eine Anzahl Gegenuntersuchungen
zu machen. Wie verhalten sich die Gehirne exquisit bor.irter Menschen, bei
denen keine Erziehung irgend etwas leisten konnte? Solche Gehirne sind
aber noch schwerer zu beschaffen, als die ausgezeichneter Menschen. Auch
die unter dem Namen der Mikrocephalie bekannte Idiotenform wäre herbei zu
ziehen. Von solchen Idioten-Gehirnen besitzen wir Abbildungen und Beschreibungen[1]). Es ist mir aber bis jetzt noch nicht gelungen, solche Gehirne nä-

---

1) Einige sehr interessante Darstellungen, welche die einfache Form der Windun-

her zu untersuchen; doch habe ich Hoffnung diesen Wunsch erfüllt zu sehen.
Die Ergebnisse werde ich dann der Societät vorlegen.

Auch Suiten von Rassen-Gehirnen sind ein grosses Desiderat. Das ungemein eigenthümliche Gehirn der Hottentotten-Venus erregt den Wunsch,
wenigstens noch einige Gehirne dieses südafrikanischen Menschenstammes vergleichen zu können, um zu erfahren, ob die sonderbare dickwulstige Forma-
tion der Stirnwindungen hier nationale oder Rasseneigenthümlichkeit oder blos
individuell ist. Mit tiefem Bedauern muss ich hier aussprechen, dass alle
meine Bemühungen, mir wohl conservirte Rassengehirne zu verschaffen,
bisher gescheitert sind.

Eben so dürfte auch die Frage schärfer zu prüfen seyn, in wie ferne
die Vergrösserung der Hirnoberfläche durch die Windungen mittelst genauerer
Messungen festgestellt werden kann, was freilich sehr wichtig wäre. Aber
ein einfacher Blick auf die komplizirten geometrischen Verhältnisse der Hirnwindungen reicht hin, die Schwierigkeiten darzulegen.

Auch die oben schon berührte Frage, ob mit der Geburt bereits alle se-
cundären Furchen vorhanden sind, ob sich deren neue bilden oder die Vergrösserung der Oberfläche lediglich durch Wachsthum der Windungen und Furchen, wie sie bereits bei der Geburt angelegt sind, geschieht, bedarf noch
ausgedehnterer Untersuchungen.

Bis jetzt wird die Betrachtung der äusseren Form-Verhältnisse des Gehirns, wie die des Schädels immer noch mehr oder weniger mit den Mängeln
nicht ausreichender und exakter Behandlung behaftet seyn, ähnlich der Phy-
siognomik menschlicher Gesichtszüge, über welche Lavater sein bekanntes
mehr phantasiereiches als irgend auf Wissenschaftlichkeit Anspruch machendes
Werk geliefert hat. Kein Physiologe bezweifelt wohl mehr, dass die Physio-
gnomie des Menschen, insoweit dieselbe insbesondere durch die von den Ner-
venerregungen abhängigen Zustände in den Gesichtsmuskeln fixirt worden ist,
auf tieferen, mit den Seelenthätigkeiten zusammenhängenden Kausalverhältnissen

gen, neben den Defekten und der Verkürzung der gyri, bezeugen, besitzen wir
von dem neuesten und vorzüglichsten Schriftsteller über Encephalotomie, von
Gratiolet bei Leuret a. a. O. Tome II. Tab. XXIV und XXXII.

4

beruht. Aber die ausserordentliche Menge der Faktoren, welche unter den Freuden, Schmerzen und Sorgen des Lebens, unter Alters- und Krankheits-Einflussen, unter bewussten und unbewussten, beherrschten und unbeherrschten Erregungen des Mienenspiels wirken, wozu noch alle die durch ursprüngliche Anlage und Erblichkeit uberkommenen Verhältnisse hinzuzurechnen sind, macht es unmöglich, dieselben in eine geordnete Rechnung zu bringen. Aehnliche komplizirte Bedingungen, wenn auch anderer Art, kommen bei den Hirnwindungen und deren Beziehung zu den Seelenthätigkeiten vor. Demohngeachtet glaube ich, dass jene bereits von Erasistratus und Galen ventilirte Frage und deren weitere Ausdehnung, wie ich sie oben aufgestellt habe, auf den von mir angedeuteten Wegen vielleicht schon in den nächsten Dezennien gelöst werden wird, während diejenigen Fragen, welche die Phrenologie sich in so unwissenschaftlicher Form stellt, noch einige Jahrhunderte brauchen, um nur klar concipirt und formulirt werden zu können.

Die Lehre vom *Hirngewichte* und dessen Beziehungen zu den physischen und psychischen Eigenschaften des Menschen hat zuerst Tiedemann in einer klassischen Schrift[1]) genau und gründlich behandelt und allgemeine Lehrsätze aus seinen Untersuchungen abzuleiten gesucht.

Er zeigte, wie wenig brauchbar und genügend die vereinzelten Angaben der Anatomen und Physiologen, wie unsicher die Gewichtsbestimmungen bis dahin waren. Um das absolute und relative Gewicht des Gehirns zur Masse des ganzen Körpers zu ermitteln wog und mass Tiedemann die entsprechenden Theile bei 65 männlichen und weiblichen Leichen und verglich sie mit den vorhandenen Angaben und den daraus gezogenen Schlussfolgerungen.

Tiedemann fand zunächst die schon von Aristoteles aufgestellte, von späteren Anatomen bezweifelte Annahme bestätigt, dass das Gehirn des Weibes im Durchschnitte leichter und kleiner ist, als das Hirn des Mannes.

Weiter sagt Tiedemann: „Zwischen der Grösse des Hirns und der

---

1) Das Hirn des Negers mit dem des Europäers und Orang-Utangs verglichen. Mit 6 Tafeln. Heidelberg 1837. 4to.

Energie der intellektuellen Vermögen- und Seelen-Vorrichtungen waltet unlaugbar eine Beziehung ob, wie Gall behauptet hat. Diess erhellt aus der sehr bedeutenden Grösse des Gehirns von Männern, die durch eminente Geistes-Vermögen glänzten. So wog das Gehirn des berühmten Cuvier 3 Pfund 11 Unzen 4 Drachmen 36 Gran des alten französichen avoir de poids Gewichts, also 4 Pfund 11 Unzen 4 Drachmen 30 Gran Medizinal-Gewichts. Das Hirn des ausgezeichneten Wundarztes Dupuytren wog 4 Pfund 10 Unzen. Dagegen ist das Hirn von Menschen, ganz besonders beim angeborenen Blödsinn (Idiotismus) ungewöhnlich klein, wie schon Pinel, Gall und Spurzheim, Haslam, Esquirol u. a. beobachtet haben. So fand ich in einem fünfzigjährigen Mann, der von Geburt an Idiot war, das Gewicht des Gehirns nur 1 Pfund 8 Unzen 4 Drachmen und in einem anderen 40jährigen Idioten wog es 1 Pfund 11 Unzen 4 Drachmen. Das Gewicht einer 16 Jahre alten Idiotin betrug nur 1 Pfund 8 Unzen 1 Drachme [1]).

Die übrigen Lehrsätze Tiedemann's lassen sich in der Kürze in folgender Form wiedergeben.

1. Der Unterschied in der Schwere des Gehirns (das männliche schwerer als das weibliche) ist schon von der Geburt an bemerkbar.

2. Das Gehirn erreicht seine volle Grösse meist gegen das siebente bis achte Lebensjahr [2]). Die davon abweichenden Angaben andrer Anatomen sind irrig.

---

1) Tiedemann S. 9.

2) Hiefür führt Tiedemann sowohl direkte Wägungen, als Ausmessungen des Schädels durch Beobachtungen von Vrolick und sich selbst an. Was die andren Anatomen betrifft, so nahm Soemmerring an, dass das Gehirn schon im 3ten Jahre seine volle Grösse erreiche. Gall und Spurzheim behaupteten, das Wachsthum des Gehirns sey erst im 40ten Jahre beendigt; Sims glaubte gefunden zu haben, dass das Gehirn von 1sten bis zum 20ten Jahre wachse, zwischen dem 20ten und 30ten Jahre etwas an Grösse abnehme und dann wieder zunehme, so dass es zwischen dem 40ten und 50ten Jahre sein Maximum erreiche und nun allmählig kleiner werde. Tiedemann kann dem nicht beistimmen, hält namentlich die Abnahme des Gehirns zwischen dem 20ten und 30ten Jahre für ganz unerwiesen.

3. Das Gehirn scheint in höherem Alter wirklich abzunehmen, nur bei manchen Menschen bemerklicher als bei anderen. Auch die Ausmessungen der Höhle des Schädels von Greisen zeigt dieselbe meist kleiner, als bei Männern von mittleren Jahren [1]).

4. Was das Verhältniss der Grösse und des Gewichts des Hirns zur Grösse der Masse des gesammten Körpers anlangt, so ist das Verhältniss aus verschiedenen Ursachen nicht wohl genauer zu bestimmen, weil die absolute Grösse des Hirns verschieden ist und theils, weil das andere Glied, die Grösse und das Gewicht des gesammten Körpers, noch veränderlicher und wandelbarer ist, als jenes [2]).

5. Die zuerst von Aristoteles ausgesprochene Behauptung; der Mensch habe unter allen Thieren im Verhältniss zur Grösse des Körpers das grösste Gehirn, ist irrig [3]).

6. Der Mensch hat unter allen Thieren, wie von Soemmerring zuerst dargethan wurde, das grösste Gehirn bei den kleinsten Nerven [4]). Der Mensch

---

1) Vgl. Tiedemann a. a. O. S. 12. Sims z. B. spricht sich für die Gewichts-Abnahme im höheren Alter aus, während die Gebrüder Wenzel keine merkliche Verminderung beobachtet haben wollen.

2) Mit gewohnter Umsicht behandelt Tiedemann die hier in Betracht kommenden Momente, denen noch einige weitere hinzugefügt werden können. Tiedemann hält die Gewichtszunahme durch pathologische Verhältnisse für eben so sicher, wie die Abnahme und Atrophie bei abzehrenden Krankheiten. Verkleinerung des Gehirns und dabei Zunahme der Wandungen der Schädelknochen haben Pinel, Esquirol, Cruveilhier, Tiedemann u. a. namentlich beim Blödsinn wahrgenommen.

3) Tiedemann weist ausführlich nach, dass z. B. der Elephant und Wallfisch ein absolut grösseres, aber im Verhältniss zur Grösse und zum Gewicht des Körpers ein viel kleineres Gehirn besitzen als der Mensch. Dagegen besitzen viele kleinere Thiere als der Mensch (kleine Affen, Nagethiere und Singvögel) relativ zum Körper ein grösseres Gehirn als der Mensch.

4) Tiedemann betrachtet diesen Soemmerring'schen Lehrsatz für die Klassen der Wirbelthiere als durch eigene und fremde Untersuchungen erwiesen. Derselbe sagt wörtlich S. 17: „In diesen Unterschieden und Vorzügen des menschlichen Hirns von dem der Thiere muss hauptsächlich die Befähigung des Hirn-

hat ferner das grosse Hirn im Verhältniss zum kleinen Gehirn, verlängertem Marke und Rückenmark am grössten. Hierin übertrifft er auch den Orang-Utang.

7. Das Hirn ist relativ zum Körper, nicht aber zu den Nerven, am grössten beim neugeborenen Kinde und es macht dann gegen den sechsten Theil des Gewichts des ganzen Körpers aus. In den folgenden Jahren erscheint das Hirn im Verhältniss zum Körper um so kleiner, aber zu den Nerven um so grösser, jemehr sich dieser seiner Ausbildung nähert.

8. Im ausgebildeten Manne zwischen dem 30ten und 50ten Lebensjahre, dessen Gewicht im Mittel gegen 161 Pfund (Medizinalgewicht) beträgt, verhält sich das mittlere Gewicht zu dem des Körpers wie 1 zu 41 bis 42. In Körpern deren Gewicht geringer ist, zwischen 97 und 160 Pfund, schwankt diess Verhältniss von 1 : 23,3 bis 46,78. In schwereren Körpern von 162 bis 185 Pfund schwankt es zwischen 1 : 37,02 und 46,23. Es ist klar, dass das Hirn in dicken Körpern, deren Gewicht 200 bis 600 Pfund und darüber beträgt, sich in einem viel kleinerem Verhältnisse befinden muss. Vergleicht man das Gehirn des Weibes in dieser Hinsicht[1]), so zeigt sich dasselbe, obgleich es absolut kleiner, als das des Mannes ist, dennoch relativ zum Körper nicht kleiner als bei diesem.

Die Verhältnisse des Negergehirns und der Rassengehirne überhaupt, übergehe ich hier, als zunächst nicht für meine Aufgabe in dieser Abhandlung gehörig.

Aus Huschke's fleissigem und verdienstlichem Werke lassen sich folgende Hauptresultate in Bezug auf die Hirnwägungen ausziehen[2]).

1. Die grösste Schwere erreicht das Gehirn nach einem Durchschnitt

---

baus des Menschen zur Ausübung höherer und intensiverer Seelen-Verrichtungen gesucht werden."

1) S. die Zahlen-Angaben dafür bei Tiedemann S. 18.
2) Huschke Schädel, Hirn und Seele des Menschen und der Thiere nach Alter, Geschlecht und Race dargestellt nach neuen Methoden und Untersuchungen. Mit 6 Steintafeln und photographischen Abbildungen. Jena 1854. fol. S. 57 u. f. Der Verf. stellt eigene Wägungen mit denen von Sims, Reid, Peacock und Tiedemann zusammen.

von 339 männlichen und 245 weiblichen Gehirnen während des Laufs der *dreissiger* Jahre, nämlich im *männlichen* Geschlecht ein Gewicht von 1424 Grammen, im *weiblichen* ein Gewicht von 1272 Grammen. Vorher und nachher sinkt es, im *höchsten Alter* steigt es wieder bei beiden Geschlechtern[1]).

2. Das Maximum des Hirngewichts in Huschke's Tabellen beträgt 1500 bis 1600 Grammen, das Minimum 880 Grammen. Jedoch werden hie und da noch schwerere Gehirne angegeben. Namentlich wirken die *Grösse der Statur* und die *geistige Begabung* oft ein[2]).

3. Das Gehirn erreicht zuerst bei noch nicht vollendetem Wachsthum des Körpers sein *volles Volum*, wie es im Erwachsenen vorkommt, weit später erst aber sein *volles Gewicht*. Da es in der Jugend ein geringeres specifisches Gewicht hat, so muss es hier auch ein geringeres absolutes haben[3]).

4. Der früher schon von Aristoteles und Tiedemann konstatirte Satz, dass das Weib ein absolut leichteres Gehirn besitze als der Mann, zeigt sich durchgreifend in jedem Jahrzehend beider Geschlechter vom 10ten bis 90ten Jahre.

5. Hinsichtlich verschiedener Raçen ist eine Verschiedenheit nicht zu verkennen, wobei aber die Statur mit einwirken mag. So übersteigt das germanische Gehirn 1400 Gramm im Mittel, das französische beträgt nur über 1300 Gramm, das der kleinen Hindus 1000 bis 1100 Gramm.

6. Das Gehirn bei Erwachsenen beträgt im Verhältniss zum Körper durchschnittlich über 2%, in Kindern mehr.

7. Was die Verhältnisse einzelner Hirntheile zu einander betrifft, so beträgt das kleine Gehirn (Hinterhauptshirn) nur 6 bis 7%, das grosse 93 — 94% des gesammten Hirngewichts. Diess Verhältniss ändert sich aber sehr

---

1) Der Verf. fügt aber hinzu, dass diess paradoxe Ergebniss erst noch durch eine grössere Anzahl von Wägungen entschieden werden müsse; namentlich ob diese Regel sey, ob das nicht seltene Hirnwasser bei sehr alten Leuten die Ursache abgebe u. s. w.

2) Als sehr schwere Gehirne stellt Huschke namentlich auf: das Gehirn Lord Byrons mit 2236 Grammen, Cromwell's mit 2233 Grammen, Cuvier's mit 1829 Grammen.

3) Vgl. oben Tiedemann's Angaben im 2ten Satz.

rasch nach der Geburt. Schon nach 7 — 12 Wochen ist das kleine Gehirn zu 9 — 11% herangewachsen und mit 10 bis 15 Jahren hat es 12 — 13%, im Erwachsenen 12 — 14%, wo das grosse Gehirn 88 — 86% beträgt.

8. Sehr getheilt sind die Meinungen, ob das kleine Gehirn im Verhältnisse zum grossen im männlichen oder weiblichen Geschlechte grösser sey. Nach Huschke's eigenen Wägungen von 22 weiblichen und 38 männlichen Gehirnen ergiebt sich für alle Lebensalter ein schwereres Hinterhauptgehirn für das männliche Geschlecht. Es gilt der Satz: dass das *Hinterhauptshirn im männlichen Geschlechte, das grosse Gehirn im weiblichen Geschlechte* bevorzugt ist.

9. Menschen mit langen Staturen bei beiden Geschlechtern haben zwar ein absolut schwereres Gesammthirn, als kleine Menschen, aber verhältnissmässig weniger Hinterhauptshirn.

Die übrigen Hirnwägungen Huschke's übergehe ich, da die Prinzipien nicht rationell genug sind, um zu wissenschaftlichen Ergebnissen zu führen.

In einer Reihe bereits oben citirter Untersuchungen, welche ich der K. Societät der Wissenschaften vorlegte, habe ich meine Bedenken gegen gewisse Schlüsse geäussert, die man aus den Hirnwägungen gezogen hat.

Ich habe zu diesem Behufe zunächst eine Tabelle von nahezu tausend (im Ganzen 964) Wägungen von Gehirnen in Bezug auf das absolute Hirngewicht zusammengestellt. Mein jüngerer Sohn, der Studirender der Mathematik und Physik ist, hat sämmtliche Wägungen auf das französische metrische Gewicht reduzirt, eben so das Körpergewicht und Körpermaass, so weit es vorlag. In dieser Tabelle sind, wie es zur Zeit nicht anders möglich ist, die Gehirne von Gesunden und Kranken durcheinander gegeben und letztere bilden bei weitem die grössere Mehrzahl.

Da die Mittelgewichte in vieler Beziehung irre führen und gewisse Verhältnisse nicht erkennen lassen, so war es gerade von Interesse, die Gewichte einfach nach ihrer Höhe, von den höchsten anfangend, zusammenstellen zu lassen und die andren Momente: Alter, Körpergewicht, Grösse, Krankheit und Todesursache, nebst Körperbeschaffenheit in besondren Rubriken hinzuzufügen, so weit diess der unvollkommenen Daten wegen möglich war.

Unter den 964 Gehirnen befanden sich uber die Hälfte, nehmlich 653 männliche.

Klar stellt sich ein Verhältniss heraus, das die obigen Angaben von Tiedemann, Huschke und andren bestätigt, nehmlich das geringere absolute Gewicht des weiblichen Gehirns. Es befinden sich nehmlich [1]:

im ersten Hundert mit Hirngewichten von 1911 bis 1520 Gr^m. kommen 8 Weiber

— zweiten —	—	—	— 1518—1423 —	—	9	—
— dritten —	—	—	— 1422—1363 —	—	20	—
— vierten —	—	—	— 1362—1327 —	—	37	—
— fünften —	—	—	— 1327—1295 —	—	41	—
— sechsten —	—	—	— 1295—1248 —	—	54	—
— siebenten—	—	—	— 1247—1198 —	—	55	—
— achten —	—	—	— 1198—1144 —	—	09	—
— neunten —	—	—	— 1144—1052 —	—	67	—

Zweitausend Grammen erreicht keines der 964 Gehirne und die beiden schwersten, offenbar pathologischen, sind weibliche Gehirne; das schwerste Gehirn von allen ist bei einem 3jährigen Kinde von Virchow beobachtet.

Was die Gehirne namhafter, ausgezeichneter, mit grosser Intelligenz begabter und mit vieler Geistesarbeit beschäftigt gewesener Männer betrifft, so sind deren 8 aufgeführt [2]. Dieselben verhalten sich sehr ungleich; sie nehmen folgende Stellen in der Tabelle ein:

Alter:

Cuvier   mit 1861 Grammen die   3te [3])   63 Jahre

Byron   — 1807 —   —   4te [4])   36 —

---

1) Die letzten 64 Gehirne der Tabelle, also die im 10ten Hundert verzeichneten, sind hier nicht mit berücksichtigt, da unter denselben besonders abnorme Verhältnisse, Idioten und viele kleine Kinder aus den ersten Lebensjahren vorkommen.

2) In meinen früheren Beiträgen ist auch, wie bei Huschke, noch Cromwell mit einem Hirngewicht von 2233 Grammen aufgeführt. Ich habe aber die völlige Unsicherheit dieser Angabe näher nachgewiesen. Vgl. die Nachrichten von der K. Gesellsch. d. Wissensch. 1860 Nr. 12 vom 16ten April, nachdem ich schon früher meine Zweifel in diesem Falle ausgesprochen hatte.

3) Die Angabe von Cuvier nach dem Originalbericht in der beigefügten Tabelle citirt. Falsche Angaben hierüber hatten sich eingeschlichen. Vgl. Nachrichten ebendas.

4) Gegen die übertriebenen hohen Angaben von Byron's Hirngewicht mit 2238

					Alter.	
Dirichlet	mit 1320	Grammen	die	96te	54	—
Fuchs	— 1499	—	—	117te	52	—
Gauss	— 1492	—	—	125te	78	—
Dupuytren	— 1437	—	—	179te [1])	58	—
Hermann	— 1358	—	—	326te	51	—
Hausmann	— 1220	—	—	641te	77	—

Unter diesen 8 Männern stand allerdings nur Byron im Blüthenalter und wahrscheinlich nur 2 (Dirichlet und Hausmann) waren über mittlerer Grösse. Indess lässt eine nähere Vergleichung der Tabelle gerade als wahrscheinlich heraustreten, dass mehrere Annahmen von Huschke nicht sicher feststehen. Ich bezweifle wenigstens noch bis jetzt den 1ten, 2ten und 8ten Satz [2]).

In Bezug auf den ersten Satz scheint mir das fest zu stehen, dass hochbegabte Menschen ein wohlentwickeltes Gehirn besitzen, dass sich aber dessen Gesammtgewicht nicht *auffallend* von dem Gewichte andrer wohl entwickelter und normaler Menschen unterscheidet. Nur in seltenen Fällen scheint das Gehirn hochbegabter Menschen, wie bei Cuvier und Byron, selbst das höchste Hirngewicht anderer Männer und das der entsprechenden Altersklasse zu überschreiten, oft aber nicht einmal das höchste Hirngewicht von Weibern zu erreichen, wie sich aus folgender Zusammenstellung ergiebt.

Es verhalten sich nämlich die Maximalgewichte in folgender Weise [3]):

Grammen, hatte ich schon meine grossen Zweifel ausgesprochen. Vgl. Nachrichten 1860 Nr. 7. — Dr. Schuchardt hat den Grund der falschen Angabe sehr wahrscheinlich gemacht. Vgl. Nachrichten 1860 Nr. 12.

1) Auch in Bezug auf Dupuytren mussten Controversen berichtigt werden. Vgl. Nachrichten 1860 Nr. 12.

2) Im übrigen vergleiche die angefügte Tabelle, welche die jetzigen Haupt-Data erkennen lässt und zum Maassstab für so lange gelten kann, als wir nicht rationellere und sorgfältigere Angaben besitzen.

3) Hierbei ist zu bemerken, dass die Beobachtungen von Bergmann und Parchappe Geisteskranke betreffen.

I. Männer.

Beobachter.	Zahl der Fälle.	Hirngewicht.
Huschke	40	1684 Grammen
Sims	108	1672 —
Reid	102	1772 —
Peacock	82	1754 —
Bergmann	152	1815 —
Parchappe	159	1750 —

II. Weiber.

Huschke	22	1484
Sims	107	1590 —
Reid	77	1446 —
Peacock	29	1502 —
Bergmann	90	1696 —
Parchappe	120	1498 —

Um weitere sichere Anhaltspunkte zu gewinnen, müssten erst eine möglichst grosse Zahl von Wägungen normaler Gehirne bei gesunden, plötzlich verstorbenen u. s. w. Individuen mit Rücksicht auf alle die Momente und Cautelen hergestellt werden, welche bereits, wie oben angeführt, Tiedemann, Huschke, Bergmann u. a. so wie ich selbst[1]) namhaft gemacht haben.

Bei der Frage, in wieferne das Hirngewicht in Wechselbeziehung zur Intelligenz steht, ist unstreitig das relative Gewicht einzelner Hirnabtheilungen von grosser Bedeutung.

Nach Allem, was wir über die Funktion der einzelnen Hirntheile wissen, dürfen wir annehmen, dass gerade die Hemisphären des grossen Gehirns von grösster Wichtigkeit für die rein psychischen Thätigkeiten, insbesondre die höheren sind. Zerstörung, Hyperämie, Entzündung, Atrophie u. s. w. in diesen Hirntheilen in einiger maassen grösserer Ausdehnung, sekundärer Druck von andren Hirnparthieen aus, bringt immer beträchliche Störung in der psychischen

---

1) Vgl. Nachrichten 1800 Nr. 7. Siebente Reihe meiner kritischen und experimentellen Untersuchungen über die Funktionen des Gehirns. Es ist klar, dass auch bei plötzlichen Todesarten gesunder Individuen die Todesart nothwendig einen Einfluss auf das Hirngewicht haben muss. Wenn z. B. Blut im Gehirn, wie beim Hangen, zurückgehalten, oder wie bei Verblutungen vorher entzogen wird, so muss diess auf das Hirngewicht influiren.

Thätigkeit hervor. Auch ist es sicher, dass die angeborene Idiotie in Form
der Mikrocephalie einen wirklichen Hirnmangel, der sich insbesondre in der
unvollkommenen Entwickelung der Hemisphären, beträchtlichen Kleinheit im
Volum and im absoluten and relativen Gewicht derselben, ausspricht, einen
entscheidenden Beweis für die Bedeutung der Hemisphären liefert. Aber
weiter darf man auch hier nicht gehen.

In wie weit sich grössere Intelligenz in der Bildung der Hemisphären nach
äusseren Form- und Gewichtsverhältnissen ausdrückt, ist noch ganz unsicher.

Ich habe eine Reihe von Wägungen unternommen, denen ich eine möglichst rationelle Unterlage zu geben suchte [1].

Ich ging von der Ansicht aus: dass die Umbildung der einfachen Em-
pfindungen zu inneren Wahrnehmungen (d. h. zu klar bewussten oder phan-
tastischen Traumvorstellungen, Fieberdelirien u. s. w.), ferner die Prozesse des
Denkens und Wollens, erst, vom Rückenmarke an gerechnet, jenseits des
Eintritts der Grosshirnstämme in die Hemisphären erfolgen, höchst wahrscheinlich nur in der grauen Substanz der Windungen und vielleicht des Streifenhügels mit Linsenkern und Vormauer (Claustrum) zu Stande kommen.

Ich habe es daher für das Einfachste gehalten, diejenigen Theile, welche
bei jenen höheren, eigentlich psychischen Thätigkeiten nach meinen Ansichten
und Erfahrungen nicht betheiligt sind, nehmlich: Grosshirnstamm (d. h. ver-
längertes Mark, Brücke, Vierhügel und Zirbel nebst Grosshirnstielen bis zu
den Sehhügeln) dicht an diesen abzulösen und daran auch das kleine Gehirn
sitzen zu lassen und diese Parthie für sich als Ganzes zu wägen, eben so wie
Hemisphären mit dem Balken, Streifen- und Sehhügeln. Letztre, obwohl vorzugsweise bei der Bewegung betheiligt, sind doch nicht wohl davon abzutrennen [2].

1) Vgl. Nachrichten 1860 Nr. 16. Mai.
2) Kleines Gehirn und alle die oben erwähnten Hirntheile, die im Zusammenhange
von den Hemisphären des grossen Gehirns abgelöst werden, sind jedenfalls
keine *Denkorgane*. In wiefern dieselben dunkle Gemeingefühlswahrnehmungen
für sich perzipiren und der Seele zuführen können, soll hier nicht weiter
untersucht werden, und thut im Bejahungsfalle der Methode der Wägung keinen Eintrag. Ich beziehe mich in Betreff des kleinen Gehirns auf meine experimentellen und in den pathologischen Erfahrungen beruhenden Ergebnisse.
Vgl. Kritische und experimentelle Untersuchungen über die Funktionen des Ge-

5*

Bei 19 hierauf untersuchten Gehirnen finde ich folgende Zahlenverhältnisse:

Personen.	Alter. Jahre.	Verhältniss des: kleinen Gehirns mit Hirnstamm u. s. w.	oder	den Hemisphären mit Streifenhügeln:
		(Gesammthirngewicht = 100.)		
1. Dirichlet	54	13,2	:	86,8
2. Fuchs	52	11,9	:	88,1
3. Gauss	78	13,3	:	86,7
4. Hermann	51	13,5	:	86,5
5. Hausmann	77	13,1	:	86,9
6. Mann	32	11,8	:	88,2
7. Mann	33	12,5	:	87,5
8. Mann	39	12,6	:	87,4
9. Mann	49	11,9	:	88,1
10. Mann	51	11,6	:	88,4
11. Mann	57	15,5	:	84,5
12. Mann	60	11,8	:	88,2
13. Mann	60	13,7	:	86,3
14. Frau	84	12,6	:	87,4
15. Frau	80	12,8	:	87,2
16. Frau	30	12,5	:	87,5
17. Frau	29	12,5	:	87,5
18. Mädchen[1])	14	11,8	:	88,2
19. Mädchen	6	12,6	:	87,4

hirns. Nachrichten. 1858. Nr. 26. 1859. Nr. 6. 1860. Nr. 4. (im vollständigen Auszuge auch aufgenommen in Frorieps Notizen aus dem Gebiete der Natur- und Heilkunde. Jahrgang 1859 und 1860). Die Vierhügel halte ich, überein- stimmend mit andren Physiologen, nach Experimenten bei Thieren und patho- logischen Erfahrungen bei Menschen, für Theile, welche zwar direkt beim Sehen betheiligt und vielleicht für die Mechanik der Augenbewegungen mit bestimmt sind, ohne welche die Empfindung des Sehens äusserer Gegenstände, auch bei Integrität der Retina, nicht zu Stande kommt, welche aber bei der letzten Umbildung der Seheindrücke zu seelischen Gesichtsvorstellungen nicht weiter in Betracht kommen, kurz deren Zerstörung Blindheit hervorruft, ohne die höheren psychischen Thätigkeiten wesentlich zu alieniren, wenn nicht andre Läsionen des grossen Gehirns, was freilich nicht selten der Fall ist, sich damit kombiniren.

1) Blödsinnig mit verdickten Hirnhäuten.

Man sieht aus diesen Zahlen, dass dieselben für unsere Frage über das Wechselverhältniss der Masse der Hemisphären mit der Intelligenz nichts ergeben; dass im Ganzen die Gewichtsverhältnisse bei Unähnlichkeit im Alter, Geschlecht und in Bezug auf die geistige Arbeit oft sehr ähnlich sind.

Ich habe noch eine andre Durchschnittszählung hergestellt, indem ich von je fünf verschiedenen, in Bezug auf Alter, Geschlecht und Beschäftigung möglichst nahe stehenden, daher unter sich vergleichbaren Individuen Grosshirnstamm mit Kleinhirn u. s. w. als Einheit annahm und diese Parthie mit den beim Denken vorzugsweise thätigen Hirntheilen (Hemisphären u. s. w.), wie im Vorigen, verglich. Es verhalten sich aber Kleinhirn u. s. w. zu den Hemisphären:

bei 5 geistesthätigen Gelehrten wie	1 : 6,70
— 5 Handarbeitern	1 : 6,71
— 5 erwachsenen Weibern	1 : 7,10

Es waren also hier die Gelehrten-Gehirn-Hemisphären nicht bevorzugt. Dagegen spricht die kleine Tabelle für den 8ten Satz Huschke's (s. S. 31), wornach beim Weibe das grosse Gehirn gegen das kleine dem Gewichte nach wirklich bevorzugt ist.

Ich bedaure, dass ich bis jetzt keine Gehirne von Mikrocephalen der Wägung unterwerfen konnte. Beim Orang-Utang finde ich nach dem Gehirne eines nicht mehr ganz jungen Thieres:

Kleinhirn mit Hirnstamm etc. zu den Hemisphären = 1 : 5,0. Aehnlich dürfte das Verhältniss, nach Schädeln von solchen Idioten zu urtheilen, bei diesen seyn.

Dagegen habe ich mich überzeugt, dass die öfters sehr auffallende Asymmetrie beider Hemisphären in Bezug auf das Ansehen der Windungen keinen Einfluss auf das Gewicht zu haben scheint. An den oben verzeichneten 19 Gehirnen habe ich stets beide Hemisphären möglichst sorgfältig in der Mittellinie getrennt und dann gewogen. Die Gewichte waren überraschend gleich, oft nur um 1 bis 2 Grammen differirend, welche Differenzen offenbar nicht in Betracht kommen und auf die niemals vollkommen gleiche Trennung mittelst des Schnittes zu rechnen sind.

Aus diesen Ergebnissen der Vergleichung der Gehirne ausgezeichneter

Männer mit gewöhnlichen Gehirnen zeigt sich also, dass in Bezug auf zwei wichtige Fragen, nehmlich die Windungsverhältnisse und die absoluten und relativen Gewichte in Bezug auf Geistesthätigkeit sich keine sicheren Schlüsse, eher negative Resultate im Verhältniss zu den bisherigen Ansichten ergeben. Ich kann nur wiederholen, was ich bei einer früheren Gelegenheit aussprach, dass man in diesen Abschnitten der Physiologie heut zu Tage noch keine glänzenden Bauten aufführen kann. Man befindet sich immer noch in der Lage des Pioniers, welcher sich mit der Ausrodung des Urwaldes und der Anlage wieder abbrechbarer Blockhäuser begnügen muss. Nur mühsam und Schritt vor Schritt kann man hier in dem unwegsamen Terrain Pfade gewinnen. Aber es ist nicht blos eine Aufgabe der Wissenschaft, neue Thatsachen aufzufinden; auch die Reinigung wissenschaftlicher Gebiete von Fabeln und Irrthümern gehört zu den pflichtmässigen Aufgaben der Forschung.

Hirngewichts - Tabelle.

№	Geschlecht.	Hirn-gew. in Gramm.	Alter Jahre	Körper gew. in Kilo-gramm.	Körper länge in Milli-metern.	Körperbeschaffenheit, Krankheit und Todesursache.	Beobachter.	Bemerkungen.
1	w.	1911	3			Interstitielle Hyperplasie des Gehirns mit Hydrocephalus.	Virchow.	Vgl. Virchow Untersuchungen üb. d. Entwicklung d. Schädelgrundes S. 190. — Das Hirngewicht ist nach der Entfernung der Flüssigkeiten bestimmt.
2	w.	1872	54			Ichoröse Infektion.	"	Ebendas. S. 191. Sowohl graue als weisse Substanz etwas ödematös.
3	m.	1861	63	(Geh. d. ber. Naturf. G. Cuvier.)		Anfall von Cholera.	Rousseau.	Lancette française, 1852. Vgl. Nachrichten. 1860. Nro. 12.
4	m.	1807	36	(Gehirn Lord Byron's.)		Hirnentzündung. Blutige Flüssigkeit in d. Höhlen.		Nach der von Dr. Schacbardt und mir gemachten Correction. Vgl. Nachrichten 1860. Nro. 12.
5	m.	1783	28			Gemüthskrank.	Bergmann.	Diese, wie alle folgenden mit Bergmann bezeichneten M sind aus dessen Bemerkh. üb. das Hirngew., Zeitschr. f. Psychiatrie, Bd. IX, S. 361 und betreffen lauter Irre.
6	m.	1773	45	54,9	1611	Gut genährt.	Tiedemann.	Alle Angaben von Tiedemann u. in dessen höchstem Werth.
7	m.	1761	44			Gemüthskrank.	Bergmann.	
8	m.	1750	51			Wahnsinn mit häufiger Aufregung.	Parchappe.	Diese, wie alle die folgenden mit dem Namen u. Ziffern von Parchappe versehenen Angaben siehe in dessen Traité de la folie. Paris 1841.
9	m.	1740	31			Narrheit mit Epilepsie.	"	
10	m.	1739	57			Gemüthskrank.	Bergmann.	
11	m.	1732	13			Emphysematischer Brand am Oberschenkel.	Virchow.	Graue Subst. anämisch, wenig Flüssigkeit in den Höhlen. Sehr grosse Hemisphären.
12	m.	1702	49			Narrheit von Parchappe u. Paralyse.	Parchappe.	Alle Fälle von Parchappe sind aus dessen Traité de la folie. Paris 1841.
13	m.	1702	34			Chronischer Wahnsinn.	"	
14	m.	1684	73			Erhängt.	Huschke.	Alle Fälle von Huschke aus dessen Werk: Schädel, Hirn u. Seele.
15	m.	1652	37			Wahnsinn in Form von Melancholie mit paralyt. Erscheinungen.	Parchappe.	Jena 1854.
16	m.	1650	39			Narrheit m. Geistesschwäche u. paralyt. Erschein.	"	

Nr.	Geschlecht.	Hirn-gew. in Gramm.	Alter Jahre	Körper gew. in Kilo-gramm.	Körper länge in Milli-meters.	Körperbeschaffenheit, Krankheit und Todesursache.	Beobachter.	Bemerkungen.
17	w	1675	23			Peritonitis nach einer Pneumonie.	Virchow.	Starkes Oedem der pia mater.
18	m.	1672	44			Eiterdeposita in verschiedenen Organen. Flussigkeit in d. Hirnhöhlen.	Sims.	Alle Fälle von Sims in medico-chirurgical transactions. Vol. XIX. 1835. p. 353 u. f.
19	m.	1668	41			Gemüthskrank.	Bergmann.	
20	w.	1668	28			Gemüthskrank.	"	
21	m.	1667	40			Gemüthskrank.	"	
22	m.	1650	58			Gemüthskrank.	"	
23	m.	1659	31			Gemüthskrank.	"	
24	m.	1655	32	58,2	1685	Muskulös.	Tiedemann.	
25	m.	1652	37			Gemüthskrank.	Bergmann.	
26	m.	1644	74			Krankes Herz, Congestion und Flüssigkeit.	Sims.	
27	m.	1643	40	58,8		Hirnentzündung mit viel Exsudat.	Huschke.	
28	m.	1639	32	60,7	1678	Muskulös.	Tiedemann.	
29	m.	1637	25			Gemüthskrank.	Bergmann.	
30	m.	1634	55	65,2	1773	Sehr muskulös.	Tiedemann.	
31	m.	1632	35	57,4		Muskulös.	"	
32	m.	1632	33			Akuter Wahnsinn. Pleuritis.	Parchappe.	
33	m.	1626	43			Gemüthskrank.	Bergmann.	
34	m.	1627	17			Congestion in der pia mater. Selbstmord.	Huschke.	Genitalien klein und unbehaart.
35	m.	1620	54			Paralytischer Wahnsinn. Blut-Erguss in der A-rachnoides.	Parchappe.	
36	m.	1617	25			Nervheit mit Uebergang in Lähmung. Enteritis. Starker Wasser-Erguss.	"	
37	m.	1616	29			Gemüthskrank.	Bergmann.	
38	m.	1610	15	38	1462	Gut genährt.	Tiedemann.	
39	m.	1609	35			Intermittirende Manie. Gastro-Enteritis.	Parchappe.	
40	m.	1605	56		1408		Tiedemann.	

№	Geschlecht.	Hirn-gew. in Gramm.	Alter Jahre	Körper gew. in Kilo-grammen.	Körper länge in Milli-metern.	Körperbeschaffenheit, Krankheit und Todesursache.	Beobachter.	Bemerkungen.
41	m.	1603	50			Gross, muskulös. Erhängt	Huschke.	
42	m.	1601	35			Epilepsie mit Geistesstö-rung. Hämatemesis. Wasser-Erguss.	Parchappe.	
43	w.	1600	33			Gemüthskrank.	Bergmann.	
44	m.	1590	31			Chronischer Wahnsinn. Typhöses Fieber.	Parchappe.	
45	m.	1588				Congestion im Gehirn.	R. Wagner.	Seit zwei Jahren blödsinnig.
46	w.	1587	63			Pneumonie. Starke Hirn-Congestion.	Sims.	Flüssigkeit in den Höhlen.
47	m.	1587	29			Säufer-Wahnsinn.	"	Viel Flüssigkeit in den Höhlen.
48	m.	1587	13			Pocken.	"	Flüssigkeit in den Höhlen.
49	m.	1578	61			Gemüthskrank.	Bergmann.	
50	m.	1578	44			Gemüthskrank.	"	
51	m.	1578	41			Gemüthskrank.	"	
52	m.	1578	38			Gemüthskrank.	"	
53	m.	1578	29			Gemüthskrank.	"	
54	m.	1577	48			Wahnsinn mit Paralyse und Hirncongestion.	Parchappe.	
55	m.	1575	38	57,2		Muskulös.	Tiedemann.	
56	m.	1568	51			Gemüthskrank.	Bergmann.	
57	m.	1568	48			Gemüthskrank.	"	
58	m.	1568	29			Gemüthskrank.	"	
59	m.	1567	30			Plötzlich gestorben.	R. Wagner.	Sehr kräftiger Mann. Congestion im Gehirn.
60	m.	1564	30			Gemüthskrank.	Bergmann.	
61	m.	1563	27			Gemüthskrank.	"	
62	m.	1562	52			Akuter Wahnsinn. Er-hängte sich. Wasser in d. Ventrikeln. Ecchymos.	Parchappe.	
63	m.	1561	39	61,9	1685	Sehr muskulös.	Tiedemann.	
64	m.	1559	54			Hirnerweichung.	Sims.	Starke Congestion.
65	m.	1559	50			Im betrunkenen Zustand gestürzt.	Huschke.	
66	m.	1559	44			Hirnerweichung.	Sims.	Starke Congestion.

6

No.	Geschlecht.	Hirn-gew. in Gramm.	Alter Jahre.	Körper gew. in Kilo-grammen.	Körper länge in Milli-metern.	Körperbeschaffenheit, Krankheit und Todesursache.	Beobachter.	Bemerkungen.
67	m.	1559	40			Lungenschwindsucht.	Sims.	Starke Congestion. Flüssigkeit.
68	m.	1559	10			Typhus.	„	Starke Congestion. Viel Flüssigkeit. Erweichung.
69	m.	1557	40	47,7	1638	Nicht muskulös.	Tiedemann.	
70	m.	1556	27			Gemüthskrank.	Bergmann.	
71	m.	1549	74			Gemüthskrank.	„	
72	m.	1549	48			Gemüthskrank.	„	
73	m.	1549	26			Gemüthskrank.	„	
74	m.	1543	37			Gemüthskrank.	„	
75	m.	1541	38			Wahnsinn mit Epilepsie. Cerebralcongestion.	Parchappe.	
76	m.	1539	48			Gemüthskrank.	Bergmann.	
77	m.	1538	78			Herzkrank. Ohne deutliche psychische Störung.	Parchappe.	
78	m.	1535	63			Gemüthskrank.	Bergmann.	
79	m.	1535	40			Chronischer Wahnsinn. Cerebral-Hämorrhagie.	Parchappe.	
80	m.	1531	48			Gemüthskrank.	Bergmann.	
81	m.	1531	41			Gemüthskrank.	„	
82	m.	1531	39			Blinterguss unter der pia mater. Manie.	Parchappe.	
83	m.	1531	38			Wahnsinn mit Lähmung. Cerebralcongestion.	„	
84	m.	1530	50			Wahnsinn mit Paralyse. Hirncongestion.	„	
85	m.	1530	45			Ascites. Pericarditis.	Sims.	Gesundes Gehirn.
86	m.	1530	35			Pneumonie.	„	Starke Congestion.
87	w.	1530	35			Krankes Herz.	„	Flüssigkeit.
88	m.	1530	22			Apoplexie.	„	Wenig Flüssigkeit.
89	w.	1530	20			Magengeschwür.	„	Hypertrophie.
90	m.	1530	12			Pneumonie.	„	
91	m.	1527	50			Gemüthskrank.	Bergmann.	
92	m.	1525	22			Am Beckenbruch verun-glückt.	R. Wagner.	
93	m.	1524	39			Gemüthskrank.	Bergmann.	

№	Geschlecht	Hirn- gew. in Gramm.	Alter Jahre	Körper gew. in Kilo- gramm.	Körper länge in Milli- meters.	Körperbeschaffenheit, Krankheit und Todesursache.	Beobachter.	Bemerkungen.
94	m.	1322	49			Wahnsinn mit Paralyse. Cerebralcongestion.	Parchappe.	
95	m.	1520	61			Gemüthskrank.	Bergmann.	
96	m.	1520	54		über mittler. Grösse.	Herzkrankh. Hydropsie.	R. Wagner.	Gehirn des berühmten Mathemati- kers Lejeune-Dirichlet.
97	m.	1520	43			Grössen Wahnsinn. Iso- lation.	Parchappe.	
98	m.	1520	40			Gemüthskrank.	Bergmann.	
99	m.	1520	37			Gemüthskrank.	„	
100	m.	1520	23			Gemüthskrank.	„	
101	m.	1316	30-60	58,4		Erhängt.	Huschke.	
102	m.	1515	49			Wahnsinn mit Paralyse. Hirn-Congestion.	Parchappe.	
103	m.	1515	37			Chronischer Wahnsinn. Marasmus.	„	
104	m.	1512	27			Gemüthskrank.	Bergmann.	
105	m.	1510	61			Wahnsinn mit Paralyse. Cerebral-Congestion.	Parchappe.	
106	m.	1510	30			Akuter Wahns. Enteritis. Zerstreute Ecchymosen.	„	
107	m.	1500	29			Akuter Wahns. mit me- lancholisch. Character. Erguss in der Pleura.	„	
108	m.	1510	70-30	72,5			Huschke.	
109	m.	1505	45			Anfälle v. Wahnsinn. Tod nach epileptisch. Anfall.	Parchappe.	
110	m.	1505	32			Gemüthskrank.	Bergmann.	
111	m.	1504	60	46,9	1611		Tiedemann.	
112	m.	1502	71			Fingerwunde. Pneumon.	Sims.	Flüssigkeit. Starke Congestion.
113	w.	1502	49			Asiatische Cholera.	„	Starke Congestion ohne Flüssigkeit.
114	m.	1502	24			Phthisis.	„	Keine Flüssigkeit. Hypertrophie.
115	m.	1502	20			Asiatische Cholera.	„	Starke Congestion.
116	m.	1500	54			Manie.	Parchappe.	Todesursache bei Integrität aller Organe nicht nachweisbar.
117	m.	1499	52		mittel- gross.	Am Fettherz plötzlich ge- storben.	R. Wagner.	Gehirn des Klinikers und Philolo- gen C. H. Fuchs in Göttingen.
118	m.	1498	ca 30	63,0	1692		Tiedemann.	
119	m.	1498	31			Gemüthskrank.	Bergmann.	

6*

N.	Geschlecht.	Hirn-gew. in Gramm.	Alter Jahre	Körper gew. in Kilo-gramm.	Körper länge in Milli-metern.	Körperbeschaffenheit, Krankheit und Todesursache.	Beobachter.	Bemerkungen.
120	w.	1496	64			Chronischer Wahnsinn. Herzaneurysma.	Parchappe.	
121	m.	1496	60-70				Huschke.	Klein, buckelig.
122	m.	1494	54			Gemüthskrank.	Bergmann.	
123	m.	1494	46			Gemüthskrank.	"	
124	m.	1494	17				Tiedemann.	
125	m.	1492	78		mittel gross	Herzkrankh. Hydropsie.	R. Wagner.	Gehirn des berühmten Mathemati-kers C. F. Gauss.
126	m.	1491	25			Gemüthskrank.	Bergmann.	
127	m.	1491	31			Wahnsinn mit Paralyse. Cerebral-Marasmus.	Parchappe.	
128	m.	1485	55			Chronischer Wahnsinn. Pneumonie.	"	
129	w.	1484	50	49		Erhängt.	Huschke.	Gesund und robust.
130	m.	1484	37			Wahnsinn mit Paralyse. Cerebralcongestion.	Parchappe.	
131	m.	1480	62			Wahnsinn mit Paralyse. Cerebralcongestion.	"	
132	m.	1480	59			Epilepsie mit Geistesstö-rung. Tod im Anfall.	"	
133	m.	1480	54			Akuter Wahnsinn. Tod durch Schwäche in Folge Enthaltung v. Nahrung.	"	
134	m.	1480	26			Akuter Wahnsinn. Phleg-monöser Rothlauf.	"	
135	m.	1460	51			Gemüthskrank.	Bergmann.	
136	m.	1479	45			Wahnsinn mit Paralyse. Chron. Gastroenteritis.	Parchappe.	
137	m.	1478	31			Gemüthskrank.	Bergmann.	
138	m.	1475	50			Chronischer Wahnsinn. Herzhypertrophie.	Parchappe.	
139	m.	1475	35			Epilepsie mit Geistesstö-rung. Cerebralcongest.	"	
140	m.	1474	57			Tetanus.	Sims.	
141	m.	1474	49			Asiatische Cholera.	"	Starke Congestion.
142	m.	1474	43			Fungus im Thorax.	"	Flüssigkeit.
143	m.	1474	37			Asiatische Cholera.	"	
144	m.	1474	35			Pleuritis. Emphysem.	"	

№	Geschlecht	Hirn-gew. in Gramm.	Alter Jahre	Körper gew. in Kilo-gramm.	Körper länge in Milli-metern.	Körperbeschaffenheit, Krankheit und Todesursache.	Beobachter.	Bemerkungen.
145	m.	1472	49			Wahnsinn mit Paralyse. Pneumonie.	Parchappe.	
146	m.	1470	ca 40	66,5		Sehr muskulös.	Tiedemann.	
147	m.	1469	43			Gemüthskrank.	Bergmann.	
148	m.	1469	39			Gemüthskrank.	"	
149	m.	1468	50-60	52,8			Huschke.	
150	m.	1468	53	54,7			Tiedemann.	
151	m.	1467	60			Akuter Wahns. Schwäche durch Abstinenz.	Parchappe.	
152	m.	1465	62			Gemüthskrank.	Bergmann.	
153	m.	1463	40			Chronischer Wahnsinn. Cerebralcongestion.	Parchappe.	
154	m.	1462	39			Manie. Enteritis.	"	
155	m.	1461	81			Gemüthskrank.	Bergmann.	
156	m.	1461	43			Gemüthskrank.	"	
157	m.	1461	40-50			Gemüthskrank.	"	
158	m.	1461	30			Gemüthskrank.	"	
159	m.	1461	29			Gemüthskrank.	"	
160	m.	1461	21			Gemuthskrank	"	
161	w.	1461	32			Gemüthskrank.	"	
162	w.	1461	26			Gemüthskrank.	"	
163	m.	1460	35			Wahnsinn mit Paralyse. Cerebralcongestion.	Parchappe.	
164	m.	1457	36			Hydrothorax.	Huschke.	
165	m.	1455	40			Epilepa. m. Geistesstörng. Cerebralhämorhagie.	Parchappe.	
166	m.	1455	31			Chronischer Wahnsinn. Cerebralcongestion.	"	
167	m.	1452	39			Grössen-Wahnsinn. En-teritis.	"	
168	m.	1452	33			Wahnsinn mit Lähmung. Cerebralmarasmus.	"	
169	m.	1451	31	58,5			Tiedemann.	
170	w.	1450	31			Wahnsinn mit Paralyse. Cerebralmarasmus.	Parchappe.	30 Grammen Flüssigkeit im Sub-arachnoidalraum.

№.	Geschlecht.	Hirn-gew. in Gram.	Alter Jahre	Körper gew. in Kilo-gramm.	Körper länge in Milli-metern.	Körperbeschaffenheit, Krankheit und Todesursache.	Beobachter.	Bemerkungen.
171	m.	1446	46			Herzkrankheit.	Sims.	Congestion.
172	m.	1445	51			Herzkrankheit.	„	Starke Congestion.
173	m.	1445	40			Asiatische Cholera.	„	Starke Congestion.
174	m.	1445	28			Typhus.	„	
175	m.	1445	49			Chronischer Wahnsinn. Chronische Enteritis.	Parchappe.	
176	m.	1444	40			Chronischer Wahnsinn.	„	
177	m.	1442	40			Wahnsinn mit Paralyse. Cerebralcongestion.	„	
178	m.	1437	30			Wahnsinn mit Hirnerwei-chung. Chron. Enteritis.	„	
179	m.	1436	58			Herzhypertrophie. Brust-wassersucht. Apoplek-tische Cysten im Gehirn.		Gehirn des berühmten Wunderartes Dupuytren. — Lancette française 1835. Nro. 28.
180	m.	1436	50			Gemüthskrank.	Bergmann.	
181	m.	1435	45			Wahnsinn mit Uebergang in Paralyse. Hydrothor.	Parchappe.	
182	m.	1435	43			Chronischer Wahnsinn. Akute Peritonitis.	„	
183	w.	1435	35			Manie. Cerebralcongest.	„	
184	m.	1434	74				Huschke.	
185	m.	1432	72			Gemüthskrank.	Bergmann.	
186	m.	1432	64			Gemüthskrank.	„	
187	m.	1432	44			Gemüthskrank.	„	
188	m.	1432	37			Gemüthskrank.	„	
189	m.	1432	33			Gemüthskrank.	„	
190	m.	1432	29			Gemüthskrank.	„	
191	w.	1432	38			Gemüthskrank.	„	
192	m.	1427	30				Tiedemann.	
193	m.	1425	63			Gemüthskrank.	Bergmann.	
194	m.	1425	41			Gemüthskrank.	„	
195	m.	1425	31			Gemüthskrank.	„	
196	m.	1425	44			Chronischer Wahnsinn. Cerebralcongestion.	Parchappe.	

№	Geschlecht.	Hirn-gew. in Grmm.	Alter Jahre	Körper gew. in Kilo-gramm.	Körper länge in Milli-meters.	Körperbeschaffenheit, Krankheit und Todesursache.	Beobachter.	Bemerkungen.
197	m.	1425	40			Wahnsinn mit Paralyse und Geistesschwäche. Cerebralcongestion.	Parchappe.	
198	w.	1425	40-50			Ertrunken.	Huschke.	
199	m.	1423	50-60	55,3		Betrunken unt. einen Wagen gefallen u. gerädert.	»	
200	m.	1423	15			Typhus.	R. Wagner.	
201	m.	1422	20-25			Erhängt.	Huschke.	
202	m.	1421	58			Gemüthskrank.	Bergmann.	
203	m.	1421	41			Wahnsinn mit Paralyse. Hydrothorax.	Parchappe.	
204	m.	1421	19			Akuter Wahnsinn in Form der Melancholie. Marasmus.	»	
205	m.	1420	47			Manie.	»	
206	m.	1419	50	48,3			Huschke.	
207	m.	1419	41	39,4	1651	Mager.	Tiedemann.	
208	m.	1418	31			Gemüthskrank.	Bergmann.	
209	w.	1418	63			Gemüthskrank.	»	
210	m.	1417	63			Pneumonie. Lungengangrän.	Sims.	Gesundes Gehirn.
211	m.	1417	58			Apoplexie.	»	Erweichung und Entzündung.
212	m.	1417	50			Phthisis.	»	Starke Congestion. Flüssigkeit.
213	m.	1417	52			Pneumonie.	»	Starke Congestion. Flüssigkeit.
214	m.	1417	32			Aneurysma.	»	Viel Flüssigkeit.
215	w.	1417	60			Apoplexie.	»	Starke Congestion. Flüssigkeit.
216	w.	1417	57			Herzkrankh. Hydropsie.	»	Viel Flüssigkeit.
217	w.	1417	36			Pneumonie. Typhus.	»	Starke Congestion. Flüssigkeit.
218	w.	1417	29			Nierenkrankheit. Wassersucht.	»	Keine Flüssigkeit; Windungen abgeflacht. Hypertrophie.
219	m.	1417	30-40			Früher im Irrenhause.	Huschke.	
220	m.	1416	40-50	85,5	statt-lich.	Fett.	»	
221	m.	1416	64	58,2	1665	Mager.	Tiedemann.	
222	m.	1414	51			Gemüthskrank.	Bergmann.	

№	Geschlecht.	Hirn-gew. in Gramm.	Alter Jahre	Körper gew. in Kilo-gramm.	Körper länge in Milli-metern.	Körperbeschaffenheit, Krankheit und Todesursache.	Beobachter.	Bemerkungen.
223	m.	1414	30			Gemüthskrank.	Bergmann.	
224	m.	1410	73			Gemüthskrank.	„	
225	m.	1410	41			Gemüthskrank.	„	
226	m.	1410	34			Gemuthskrank.	„	
227	m.	1410	31			Gemuthskrank.		
228	m.	1410	45			Chronischer Wahnsinn. Gastroenteritis.	Parchappe.	
229	m.	1410	32			Chronischer Wahnsinn. Enteritis.	„	
230	w.	1410	57			Manie. Chronische Bronchitis.	„	
231	w.	1410	65			Chronischer Wahnsinn.	„	
232	m.	1409	20			Akuter Wahnsinn.	„	
233	m.	1408	30	62,6	gross	Erhängt.	Huschke.	Caries am Brust- u. Schlüsselbein.
234	m.	1408	28				Tiedemann.	
235	m.	1408	40				„	
236	m.	1407	54			Gemüthskrank.	Bergmann.	
237	m.	1407	38			Gemuthskrank.	„	
238	m.	1407	26			Gemüthskrank.	„	
239	w.	1407	29			Gemuthskrank.	„	
240	w.	1407	50			Akuter Wahns, in Form d. Melanch. Pleuropneum.	Parchappe.	
241	m.	1406	57			Chronischer Wahnsinn. Chronische Peritonitis.	„	
242	m.	1406	28			Chronischer Wahnsinn. Tuberkulose.	„	
243	m.	1405	70			Blödsinn. Gangrän.	„	Hirnkrankheit. Ein Theil der Windungen der linken Hemisphäre atrophisch.
244	m.	1405	62			Complicirte Narrheit. Arachnoideal - Hämorrhagie.	„	
245	m.	1405	52			Wahnsinn mit Epilepsie. Tod im Anfall.	„	
246	m.	1405	70			Erhängt.	Huschke.	
247	m.	1403	70			Gemuthskrank.	Bergmann.	
248	m.	1403	70			Gemuthskrank.	„	

№	Geschlecht	Hirngew. in Gramm.	Alter Jahre	Körpergew. in Kilogrm.	Körperlänge in Millimetern	Körperbeschaffenheit, Krankheit und Todesursache.	Beobachter.	Bemerkungen.
249	m.	1403	39			Gemüthskrank.	Bergmann.	
250	m.	1403	25			Gemüthskrank.	"	
251	w.	1403	54			Gemüthskrank.	"	
252	w.	1403	28			Gemüthskrank.	"	
253	m.	1400	65			Chron. Wahnsinn mit Geistesschwäche. Skorbut.	Parchappe.	
254	m.	1400	14	24,6		Ascites.	Huschke.	
255	m.	1347	77			Chronischer Wahnsinn. Hypertrophie im linken Herzen.	Parchappe.	
256	m.	1395	50	47,5	1678		Tiedemann.	
257	m.	1395	ca 50	47,5	1665		"	
258	m.	1394	46			Wahnsinn mit Paralyse. Abscess am Arm.	Parchappe.	
259	m.	1393	60-65	65,6			Huschke.	Schädel sehr dick.
260	m.	1392	30-40			Gemüthskrank.	Bergmann.	
261	m.	1390	31	36,1			Tiedemann.	
262	m.	1390	59			Wahnsinn mit Paralyse. Cerebralcongestion	Parchappe.	
263	m.	1390	54			Wahnsinn in Form von Melancholie. Herz-Hypertrophie.	"	
264	m.	1390	35			Wahnsinn mit Paralyse. Cerebralcongestion.	"	
265	m.	1389	66			Purpura haemorrhagica.	Sims.	Flüssigkeit.
266	m.	1389	50			Krankes Herz.	"	Hypertrophie.
267	m.	1389	6			Scharlach.	"	Flüssigkeit.
268	w.	1389	49			Pneumonie.	"	
269	m.	1385	72			Chronischer Wahnsinn. Bronchitis.	Parchappe.	
270	m.	1385	67			Wahnsinn mit Paralyse. Herzhypertrophie.	"	
271	m.	1385	49				R. Wagner.	
272	w.	1384	02			Gemüthskrank.	Bergmann.	
273	m.	1382	39			Chronischer Wahnsinn. Enteritis.	Parchappe.	

№.	Geschlecht	Hirn-gew. in Gramm	Alter Jahre	Körper gew. in Kilo-gramm.	Körper länge in Milli-metern.	Körperbeschaffenheit, Krankheit und Todesursache.	Beobachter.	Bemerkungen.
274	m.	1381	44			Gemüthskrank.	Bergmann.	
275	m.	1381	42			Gemüthskrank.	"	
276	m.	1381	34			Gemüthskrank.	"	
277	w.	1380	25			Chronischer Wahnsinn. Enteritis.	Parchappe.	
278	w.	1379	16				Tiedemann.	
279	m.	1376	69			Wahnsinn mit Paralyse. Chronische Pneumonie.	Parchappe.	
280	m.	1376	45			Erschossen.	Huschke.	
281	m.	1375	46	38,4	1665	Mager.	Tiedemann.	
282	m.	1375	31	46,9			"	
283	m.	1375	22			Wahnsinn mit Epilepsie. Cerebralcongestion.	Parchappe.	
284	m.	1374	35			Gemüthskrank.	Bergmann.	
285	m.	1374	31			Gemüthskrank.	"	
286	m.	1374	28			Gemüthskrank.	"	
287	m.	1374	27			Gemüthskrank.	"	
288	m.	1374	22			Gemüthskrank.	"	
289	w.	1374	75			Gemüthskrank.	"	
290	w.	1374	39			Gemüthskrank.	"	
291	w.	1374	49			Chronischer Wahnsinn. Erfroren.	Parchappe.	
292	w.	1374	33			Chronischer Wahnsinn. Enteritis.	"	
293	m.	1373	37			Wahnsinn mit Paralyse. Cerebral-Congestion.	"	
294	w.	1368	62			Narrheit mit Manie. Enteritis.	"	
295	m.	1366	35			Gemüthskrank.	Bergmann.	
296	m.	1366	24			Gemüthskrank.	"	
297	m.	1365	60				R. Wagner.	
298	m.	1363	49			Gemüthskrank.	Bergmann.	
299	m.	1363	40			Gemüthskrank.	"	
300	m.	1363	39			Gemüthskrank.	"	

№	Geschlecht	Hirn- gew. in Gramm.	Alter Jahre	Körper gew. in Kilo- gramm.	Körper länge in Milli- metern.	Körperbeschaffenheit, Krankheit und Todesursache.	Beobachter.	Bemerkungen.
301	m.	1362	60				Huschke.	
302	m.	1362	44			Akute Manie. Cerebral-congestion.	Parchappe.	
303	m.	1362	36			Geistesschwäche. Ma-rasmus	"	Viel Flüssigkeit in den Höhen und unter der Arachnoidee.
304	w.	1360	30			Suffocativ gestorben.	R. Wagner.	
305	m.	1360	37			Complicirter Irrsinn.	Parchappe.	Bildung v. Ablagerungen m. Pseudo-membranen unter d. Arachnoidee.
306	m.	1360	25			Narrheit mit Uebergang zur Paralyse. Meningitis.	"	
307	w.	1360	34			Akute Manie. Gangrän.	"	
308	w.	1360	25			Chronischer Wahnsinn. Enteritis.	"	
309	m.	1360	79			Pneumonie.	Sims.	Viel Flüssigkeit. Alte Cyste.
310	m.	1360	75			Pneumonie.	"	Flüssigkeit.
311	m.	1360	67			Bronchitis.	"	Gerunder Gehirn,
312	m.	1360	67			Herzkrankheit.	"	Flüssigkeit.
313	m.	1360	60			Lungenschwindsucht.	"	Viel Flüssigkeit.
314	m.	1360	52			Pneumonie.	"	Congestion.
315	m.	1360	36			Delirium tremens.	"	Starke Congestion, Flüssigkeit.
316	m.	1360	31			Rückenmarkserweichg.	"	Gerunder Gehirn.
317	w.	1360	57			Carcinom.	"	Starke Congestion. Flüssigkeit.
318	w.	1360	50			Apoplexie.	"	Extravasat.
319	w.	1360	49			Magenkrebs.	"	
320	w.	1360	45			Apoplexie.	"	Starke Congestion.
321	m.	1359	48			Chronisch. Wahnsinn mit Verstandsschwäche. Cerebralcongestion.	Parchappe.	
322	m.	1359	65			Gemüthskrank.	Bergmann.	
323	m.	1359	18			Gemüthskrank.	"	
324	w.	1359	63			Gemüthskrank.	"	
325	w.	1359	45			Gemüthskrank.	"	
326	m.	1358	51		mittel-gross. 172cm		R. Wagner.	Gehirn des berühmten Philologen C. F. Hermann in Göttingen.

7*

№.	Geschlecht.	Hirn-gew. in Gramm.	Alter Jahre	Körper gew. in Kilo-grammen.	Körper länge in Milli-metern.	Körperbeschaffenheit, Krankheit und Todesursache.	Beobachter.	Bemerkungen.
327	m.	1356	71	48,9	1597		Tiedemann.	
328	m.	1356	33				„	
329	m.	1356	33				„	
330	m.	1355	56			Gemüthskrank.	Bergmann.	
331	m.	1355	34			Gemüthskrank.	„	
332	w.	1355	32			Wahnsinn mit Paralyse. Cerebralcongestion.	Parchappe.	
333	m.	1353	30-32	59,5		Erhängt.	Huschke.	
334	w.	1353	60-70				„	
335	m.	1353	22			Mörder hingerichtet.	Parchappe.	Gesundes Gehirn.
336	m.	1352	61			Gemüthskrank.	Bergmann.	
337	m.	1352	25			Gemüthskrank.	„	
338	w.	1352	24			Gemüthskrank.	„	
339	m.	1352	24			Insuffic. valvul. mitral.	R. Wagner.	
340	m.	1350	52			Wahnsinn mit Paralyse. Cerebralcongestion.	Parchappe.	
341	m.	1350	40			Chronischer Wahnsinn. Marasmus.	„	
342	m.	1350	26			Wahnsinn mit Uebergang zur Paralyse. Congest.	„	
343	w.	1350	49			Chronischer Wahnsinn. Lungenschwindsucht.	„	
344	w.	1350	49			Akuter Wahnsinn als Me-lanch. Pleuropneumon.	„	
345	w.	1350	42			Wahnsinn der vor d. Tode verschwand. Enteritis.	„	
346	w.	1349	40			Gemüthskrank.	Bergmann.	
347	w.	1347	66			Gemüthskrank.	„	
348	m.	1345	51				R. Wagner.	
349	w.	1345	70				Tiedemann.	
350	m.	1345	38			Wahnsinn der vor d. Tode verschwand. Granulöse Entartung der Nieren.	Parchappe.	
351	m.	1345	59			Gemüthskrank.	Bergmann.	
352	m.	1345	57			Gemüthskrank.	„	

No.	Geschlecht	Hirn-gew. in Gramm	Alter Jahre	Körper gew. in Kilo-gramm	Körper länge in Milli-metern	Körperbeschaffenheit, Krankheit und Todesursache.	Beobachter.	Bemerkungen.
353	m.	1345	55			Gemüthskrank.	Bergmann.	
354	m.	1345	51			Gemüthskrank.	„	
355	m.	1345	50-60			Gemüthskrank.	„	
356	m.	1345	40			Gemüthskrank.	„	
357	m.	1345	33			Gemüthskrank.	„	
358	m.	1345	32			Gemüthskrank.	„	
359	m.	1345	29			Gemüthskrank.	„	
360	w.	1345	51			Gemüthskrank.	„	
361	w.	1345	48			Gemüthskrank.	„	
362	w.	1343	29			Gemüthskrank.	„	
363	m.	1343	55			Chronischer Wahnsinn. Cerebralcongestion.	Parchappe.	
364	m.	1343	54			Wahnsinn mit Paralyse. Cerebral-Marasmus.	„	
365	m.	1343	46			Wahnsinn mit Paralyse. Cerebral-Marasmus.	„	
366	m.	1343	37			Chronischer Wahnsinn Herz-Hypertrophie.	„	
367	m.	1341	42	54,1	1760	Muskulös.	Tiedemann.	
368	w.	1341	49			Gemüthskrank.	Bergmann.	
369	m.	1340	33			Pneumonie.	R. Wagner.	
370	m.	1340	54			Wahns. mit Paralyse. Bluterguss in d. Arachnoidea	Parchappe.	
371	w.	1340	38			Chronischer Wahnsinn. Enteritis.	„	
372	w.	1334	32			Gemüthskrank.	Bergmann.	
373	m.	1336	ca 50	50,5			Tiedemann.	
374	w.	1335	31			Leberkrebs.	R. Wagner.	
375	w.	1334	54			Gemüthskrank.	Bergmann.	
376	w.	1334	20				Tiedemann.	
377	m.	1332	79			Erysipelas. .	Sims.	
378	m.	1332	65			Wassersucht.	„	
379	m.	1332	67			Pleuritis.	„	

№	Geschlecht.	Hirn-gew. in Grmm.	Alter Jahre	Körper gew. in Kilo-gramm.	Körper länge in Milli-metern.	Körperbeschaffenheit, Krankheit und Todesursache.	Beobachter.	Bemerkungen.
380	m.	1332	63			Pleuritis. Pericarditis.	Sims.	Congestion.
381	m.	1332	63			Chronische Pleuritis.	"	
382	m.	1332	46			Erysipelas, Arachnitis.	"	Flüssigkeit.
383	w.	1332	70			Herzkrankheit.	"	Flüssigkeit. Hypertrophie.
384	w.	1332	56			Apoplexie.	"	Starker Erguss.
385	w.	1332	55			Asiatische Cholera.	"	
386	w.	1332	40			Typhus.	"	
387	w.	1332	45			Typhus.	"	
388	w	1332	29			Phthisis.	"	
389	w.	1332	20			Phlebitis.	"	Flüssigkeit.
390	w.	1332	16			Erysipelas. Pneumonie.	"	Gesundes Hirn.
391	w.	1332	3			Keuchhusten.	"	Congestion.
392	w.	1331	56			Akuter Wahnsinn in Form von Melancholie.	Parchappe.	
393	m.	1330	50			Gemüthskrank.	Bergmann.	
394	m.	1330	34			Gemüthskrank	"	
395	m.	1330	21			Gemüthskrank.	"	
396	m.	1330	32			Enthauptet.	R. Wagner.	
397	m.	1328	38			Chronischer Wahnsinn. Tuberkulose.	Parchappe.	
398	m.	1328	30-40			Erhängt.	Huschke.	Stark. Gesund.
399	m.	1327	60-70	44,8			"	
400	m.	1327	49			Grössen-Wahnsinn. Ce-rebralcongestion.	Parchappe.	
401	m.	1327	38			Wahnsinn mit Paralyse. Marasmus.	"	
402	w.	1327	33			Hirnerweichung.	"	˙
403	w.	1327	45	37,3	1651	Mager.	Tiedemann.	
404	w.	1327	34			Gemüthskrank.	Bergmann.	
405	m.	1326	60	87		Ertränkt.	Huschke.	
406	m.	1326	48	44,5	1719		Tiedemann.	
407	m.	1325	45			Chronischer Wahnsinn. Cerebralcongestion.	Parchappe.	

N.	Geschlecht	Hirn-gew. in Gramm.	Alter Jahre	Körper gew. in Kilo-gramm.	Körper länge in Milli-metern	Körperbeschaffenheit, Krankheit und Todesursache.	Beobachter.	Bemerkungen.
408	m.	1324	60-65			Erhängt.	Huschke.	
409	m.	1323	44	43,3	1732		Tiedemann.	
410	m.	1323	42			Gemüthskrank.	Bergmann.	
411	m.	1323	41			Gemüthskrank.	»	
412	m.	1323	34			Gemüthskrank.	»	
413	w.	1322	23				Huschke.	Kindesmörderin gesund.
414	m.	1321	48				»	
415	m.	1320	60			Idiotismus von Geburt an.	Parchappe.	Tod durch Dyspnoe in Folge von Herzhypertrophie.
416	m.	1320	57			Wahnsinn mit Paralyse.	»	Arachnoidal-Hydropsie.
417	m.	1320	43			Akute Manie. Gastro-Enteritis.	»	
418	m.	1320	27			Chronischer Wahnsinn. Gastro-Enteritis.	»	
419	w.	1320	48			Cerebralhämorrhagie.	»	
420	w.	1320	45			Als Mörderin hingerichtet	»	
421	m.	1319	52			Gemüthskrank.	Bergmann.	
422	m.	1319	48			Gemüthskrank.	»	
423	w.	1319	70				Huschke.	Viel Wasser im Gehirn.
424	w.	1319	58			Gemüthskrank.	Bergmann.	
425	w.	1319	47			Gemüthskrank.	»	
426	w.	1317	28			Manie. Hydrocephalus.	Virchow.	A. a. O. S. 160. Das Gewicht nach Entfernung des Hirnwassers.
427	m.	1315	55			Gemüthskrank.	Bergmann.	
428	m.	1315	48			Gemüthskrank.	»	
429	m.	1315	40			Gemüthskrank.	»	
430	w.	1315	70			Gemüthskrank.	»	
431	w.	1315	35			Gemüthskrank.	»	
432	w.	1315	70-80			Schwindsucht.	Huschke.	
433	m.	1314	36			Wahnsinn mit Paralyse. Cerebralcongestion.	Parchappe.	
434	m.	1312	69			Chronischer Wahnsinn. Pleuro-Pneumonia.	»	
435	m.	1312	46			Chronischer Wahnsinn.	»	Tod in Folge einer Magenblutung.

Nr.	Geschlecht.	Hirn-gew. in Gramm.	Alter Jahre.	Körper gew. in Kilo-gramm.	Körper länge in Milli-metern.	Körperbeschaffenheit, Krankheit und Todesursache.	Beobachter.	Bemerkungen.
436	m.	1312	41			Wahnsinn mit Paralyse. Cerebralcongestion.	Parchappe.	
437	m.	1312	40			Wahnsinn mit Paralyso. Cerebralcongestion.	"	
438	m.	1312	64			Gemuthskrank.	Bergmann.	
439	w.	1312	50			Chronischer Wahnsinn. Cerebralcongestion.	Parchappe.	
440	w.	1312	42			Wahnsinn mit Uebergang in Lahmung. Chronische Gastritis.	"	
441	w.	1312	30			Mager.	Tiedemann.	
442	w.	1311	30-40	55,3			Huschke.	
443	m.	1310	70			Wahnsinn mit Lahmung. Cerebralcongestion.	Parchappe.	
444	m.	1310	47			Wahnsinn als Melancholie Gastro-Enteritis.	"	
445	m.	1310	23				R. Wagner.	
446	w.	1310	49			Chronischer Wahnsinn. Pneumonie.	Parchappe.	
447	m.	1309	50	47,5	gross	Erbangt.	Huschke.	Sehr dicker Schädel. Blutreiches Gehirn.
448	m.	1308	34			Meningitis.	Parchappe.	
449	w.	1308	57			Gemuthskrank.	Bergmann.	
450	w.	1308	31			Gemuthskrank.	"	
451	w.	1307	24	40,1			Huschke.	Hager. Schwanger. Gesund.
452	w.	1306	40-50				"	
453	m.	1305	52			Gemuthskrank.	Bergmann.	
454	w.	1304	40			Typhus.	R. Wagner.	
455	w.	1304	33			Chronischer Wahnsinn. Lungenschwindsucht.	Parchappe.	
456	m.	1303	75			Krebs der Leber.	Sims.	Flüssigkeit.
457	m.	1303	73			Lungenschwindsucht.	"	Congestion, Extravasat, Flüssigkeit.
458	m.	1303	66			Magenkrebs.	"	
459	m.	1303	65			Herzkrankheit.	"	Congestion ohne Flüssigkeit.
460	m.	1303	60			Carditis.	"	Erweichung.
461	m.	1303	59			Lungenschwindsucht.	"	Congestion.

№	Geschlecht	Hirn-gew. in Gramm.	Alter Jahre	Körper gew. in Kilo-grumm.	Körper länge in Milli-metern.	Körperbeschaffenheit, Krankheit und Todesursache.	Beobachter.	Bemerkungen.
462	m.	1303	55			Typhus.	Sims.	Starke Congestion. Flüssigkeit.
463	m.	1303	52			Apoplexie.	"	
464	m.	1303	42			Apoplexie.	"	Cyste zwischen Sehhügeln.
465	m.	1303	41			Lungenschwindsucht.	"	Wenig Flüssigkeit.
466	m.	1303	40			Apoplexie.	"	Congestion. Flüssigkeit.
467	m.	1303	39			Lungenschwindsucht.	"	Congestion. Flüssigkeit.
468	m.	1303	21			Krankes Herz. Kranke Leber.	"	Gesundes Hirn.
469	m.	1303	14			Lungenschwindsucht.	"	Viel Flüssigkeit.
470	w.	1303	69			Krankes Herz.	"	Hirnerweichung.
471	w.	1303	69			Leberkrebs.	"	
472	w.	1303	67			Pneumonie.	"	Congestion.
473	w.	1303	53			Asiatische Cholera.	"	Starke Congestion.
474	w.	1303	49			Cysten in der Leber.	"	Congestion.
475	w.	1303	45			Lungenschwindsucht.	"	Gesundes Gehirn.
476	w.	1303	41			Lungenschwindsucht.	"	Starke Congestion.
477	w.	1303	31			Lungenschwindsucht.	"	Gesundes Hirn.
478	w.	1303	29			Hirnentzündung.	"	Erguss.
479	w.	1303	10			Pneumonie.	"	
480	w.	1303	10			Asiatische Cholera.	"	
481	m.	1302	47			Wahnsinn mit Paralyse. Marasmus.	Parchappe.	
482	m.	1301	71			Gemüthskrank.	Bergmann.	
483	w.	1301	46			Gemüthskrank.	"	
484	w.	1301	38			Gemüthskrank.	"	
485	m.	1300	61			Chronischer Wahnsinn. Enteritis.	Parchappe.	
486	w.	1300	62			Complicirter Wahnsinn.	"	Complikation mit Cerebralhämorrhagie.
487	w.	1300	29			Akute Manie. Marasmus.	"	
488	m.	1299	67			Chronischer Wahnsinn. Cerebralcongestion.	Parchappe.	
489	m.	1298	41			Gemüthskrank.	Bergmann.	

8

№	Geschlecht.	Hirn-gew. in Gram.	Alter Jahre	Körper gew. in Kilo-gramm.	Körper länge in Milli-metern.	Körperbeschaffenheit, Krankheit und Todesursachen	Beobachter.	Bemerkungen.
490	m.	1297	30			Gemüthskrank.	Bergmann.	
491	m.	1297	25			Gemüthskrank.	"	
492	w.	1297	46			Gemüthskrank.	"	
493	w.	1297	35			Akut. Wahns. in Form der Melanchol. Gastro-Enter.	Parchappe.	
494	m.	1296	61			Gut genährt.	Tiedemann.	
495	m.	1296	46-50	58,9			"	
496	m.	1296	58			Wahns. mit Ausgang in Paralyse. Cerebral-Cong.	Parchappe.	
497	m.	1296	52			Wahnsinn mit Lähmung. Marasmus.	"	
498	m.	1296	31			Chronischer Wahnsinn. Chronische Enteritis.	"	
499	m.	1296	30-40			Erhängt.	Huschke.	Stark, gesund.
500	m.	1295	43			Chronischer Wahnsinn. Laugenschwindsucht.	Parchappe.	
501	m.	1295	42			Wahnsinn mit Lähmung. Arachnitis.	"	
502	w.	1295	40			Chronischer Wahnsinn. Enteritis.	"	
503	w.	1294	45			Gemüthskrank.	Bergmann.	Säufer.
504	w.	1293	54			Gemüthskrank.	"	
505	m.	1292	50				Huschke.	
506	m.	1292	19			Akute Manie. Laugen-schwindsucht.	Parchappe.	
507	m.	1290	59			Chronischer Wahnsinn. Peritonitis.	"	
508	m.	1290	40-50		gross	Wassersucht.	Huschke.	Mannheim.
509	w.	1289	ca 34	47,7	1564	Wohl genährt.	Tiedemann.	
510	w.	1287	34			Chronischer Wahnsinn. Gastroenteritis.	Parchappe.	
511	m.	1286	60			Gemüthskrank.	Bergmann.	
512	m.	1286	51			Gemüthskrank.	"	
513	m.	1286	48			Gemüthskrank.	"	
514	m.	1286	43			Gemüthskrank.	"	
515	m.	1286	20			Gemüthskrank.	"	

№	Geschl.	Hirn-gew. in Gramm.	Alter Jahre	Körper gew. in Kilo-gramm.	Körper länge in Milli-metern	Körperbeschaffenheit, Krankheit und Todesursache.	Beobachter.	Bemerkungen.
516	w.	1286	63			Gemüthskrank.	Bergmann.	
517	w.	1286	50			Gemüthskrank.	„	
518	w.	1286	30			Gemüthskrank.	„	
519	m.	1285	42			Wahnsinn mit Paralyse. Hirnerweichung.	Parchappe.	
520	w.	1285	60			Myelitis mit Geistesstör.	„	
521	w.	1282	30	44,1		Wohl genährt.	Tiedemann.	
522	w.	1281	46			Akute Gastro-Enteritis mit Delirium.	Parchappe.	
523	w.	1281	35			Chronische Enteritis mit Geistesstörung.	„	
524	m.	1280	53			Chronischer Wahnsinn. Enteritis.	„	
525	m.	1280	48			Chronischer Wahnsinn. Cerebral-Congestion.	„	
526	w.	1280	33			Meningitis mit tiefer Melancholie.	„	
527	m.	1275	74			Nieren-Abscesse.	Sims.	Viel Flüssigkeit.
528	m.	1275	65			Krankor Mastdarm.	„	
529	m.	1275	60			Tuberkulose Diarrhoe.	„	
530	m.	1275	59			Lungenschwindsucht.	„	Congestion. Erguss.
531	m.	1275	55			Apoplexie.	„	Viel Flüssigkeit.
532	m.	1275	48			Pneumonie.	„	
533	m.	1275	44			Lungenschwindsucht.	„	Flüssigkeit.
534	m.	1275	35			Typhus.	„	Flüssigkeit.
535	m.	1275	32			Phthisis. Herzkrankheit.	„	
536	m.	1275	25			Phthisis. Epilepsie.	„	Starke Congestion. Kleiner Schädel.
537	m.	1275	21			Geisteskrank.	„	Merkwürdig gesundes Gehirn.
538	m.	1275	14			Lungenschwindsucht.	„	Starke Congestion. Flüssigkeit.
539	m.	1275	5			Scharlach.	„	Starke Congestion.
540	m.	1275	47			Gemüthskrank.	Bergmann.	
541	m.	1275	37			Wahnsinn mit Paralyse. Asphyxie.	Parchappe.	
542	m.	1275	37			Gemüthskrank.	Bergmann.	

8*

№	Geschlecht	Hirn-gew. in Gramm.	Alter Jahre	Körper gew. in Kilo-grammm.	Körper länge in Milli-metern.	Körperbeschaffenheit, Krankheit und Todesursache.	Beobachter.	Bemerkungen.
543	w.	1275	80			Krankes Duodenum.	Sims.	Flüssigkeit.
544	w.	1275	71			Krankes Herz.	"	Flüssigkeit.
545	w.	1275	69			Magenkrebs.	"	Gesundes Gehirn.
546	w.	1275	63			Gemuthskrank.	Bergmann.	
547	w.	1275	63			Hirnerweichung.	Sims.	Interstitial-Erguss.
548	w.	1275	53			Eingeklemmter Bruch.	"	Congestion. Flüssigkeit.
549	w.	1275	34			Geistesschwäch. Marasm.	Parchappe.	
550	w.	1275	38			Tetanus.	Sims.	
551	w.	1275	33			Lungenschwindsucht.	"	Gesundes Hirn
552	w.	1275	31			Asiatische Cholera.	"	
553	w.	1275	30			Hirnerweichung.	"	Flüssigkeit.
554	w.	1275	28			Enthauptet.	R. Wagner.	
555	w.	1275	23			Asiatische Cholera.	Sims.	Starke Congestion ohne Flüssigkeit.
556	w.	1275	23			Puerperalfieber.	"	
557	w.	1275	17			Puerperalperitonitis.	"	Erstes Stadium der Hirnentzündung.
558	w.	1275	8			Peritonitis.	"	Hypertrophie.
559	w.	1275	4			Pneumonie. Entzündung der Hirnhäute.	"	Flüssigkeit.
560	m.	1273	58			Wahnsinn mit Lähmung. Cerebral-Apoplexie.	Parchappe.	
561	m.	1273	57	mittel-gross.		Wirbel-Caries.	R. Wagner.	
562	m.	1272	50-60				Huschke.	
563	m.	1272	17-19				"	
564	w.	1271	40			Gemuthskrank.	Bergmann.	
565	m.	1270	68			Enteritis mit Geistesstörung.	Parchappe.	
566	m.	1270	34				Huschke.	
567	w.	1269	52			Cerebral-Hämorrhag. mit Erweich. u. Geistesstör.	Parchappe.	
568	w.	1268	40			Chronischer Wahnsinn. Marasmus.	"	
569	w.	1265	50			Chronischer Wahnsinn. Enteritis.	"	

No.	Geschlecht.	Hirngew. in Grmn.	Alter Jahre	Körper gew. in Kilogramm.	Körper länge in Millimeters.	Körperbeschaffenheit, Krankheit und Todesursache.	Beobachter.	Bemerkungen.
570	w.	1265	39			Chronischer Wahnsinn. Lungenschwindsucht.	Parchappe.	
571	w.	1264	41			Gemüthskrank.	Bergmann.	
572	w.	1261	46			Wahnsinn mitUebergang in Paralyse. Cerebral-Congestion.	Parchappe.	
573	w.	1261	13	22,6		Gut genährt.	Tiedemann.	
574	m.	1258	50			Wahnsinn mit Paralyse. Cerebralcongestion.	Parchappe.	
575	m.	1257	42			Gemüthskrank.	Bergmann.	
576	m.	1257	29			Gemüthskrank.	»	
577	w.	1257	69			Gemüthskrank.	»	
578	w.	1257	51			Gemüthskrank.	»	
579	w.	1257	45			Gemüthskrank.	»	
580	w.	1257	43			Chronischer Wahnsinn. Chronische Gastro-Enteritis.	Parchappe.	
581	w.	1257	37			Chronischer Wahnsinn. Pneumonie.	»	
582	w.	1257	33			Gemüthskrank.	Bergmann.	
583	w.	1257	31			Gemüthskrank.	»	
584	w.	1257	31			Gemüthskrank.	»	
585	w.	1257	26			Gemüthskrank.	»	
586	w.	1254	64			Lungenentzündung.	R. Wagner.	
587	w.	1254	50			Akute Manie. Tod durch ein zu heisses Bad.	Parchappe.	
588	m.	1250	59			Wahnsinn mit Lähmung. Cerebral-Congestion.	»	
589	m.	1250	42			Hirnerweichung mit Geistesstörung.	»	
590	m.	1250	38			Gemüthskrank.	Bergmann.	
591	m.	1250	37			Wahnsinn mit Lähmung. Cerebral-Marasmus.	Parchappe.	
592	m.	1250	34			Wahnsinn mit Lähmung. Cerebralcongestion.	»	
593	m.	1250	32			Chronischer Wahnsinn. Lungenschwindsucht.	»	

№	Geschlecht	Hirn-gew. in Gramm.	Alter Jahre	Körper gew. in Kilo-grammen.	Körper länge in Milli-metern.	Körperbeschaffenheit, Krankheit und Todesursache.	Beobachter.	Bemerkungen.
594	m.	1250	22			Hingerichtet weg. Mord.	Parchappe.	Asymmetrischer Schädel. Auch das Gehirn asymmetr., fällt die Schädelhöhle nicht vollkommen aus.
595	w.	1250	58			Gastro-Enteritis mit Hirn-congestion u. Geistes-störung.	„	
596	w.	1250	49			Akuter Wahns. in Form d. Melancholie. Peritonitis.	„	
597	w.	1250	31			Chronischer Wahnsinn. Lungenschwindsucht.	„	Folge vom Wochenbett.
598	m.	1248	39			Gemüthskrank.	Bergmann.	
599	w.	1248	71			Gemüthskrank.	„	
600	m.	1247	85			Hirnerweichung.	Sims.	Flüssigkeit.
601	m.	1247	65			Pneumonie.	„	Starke Congestion.
602	m.	1247	56			Lungenschwindsucht.	„	Flüssigkeit. Schwamm in d. Nieren.
603	m.	1247	50			Pneumonie.	„	Starke Congestion. Flüssigkeit.
604	m.	1247	47			Kranke Leber.	„	Flüssigkeit.
605	m.	1247	34			Asiatische Cholera.	„	
606	w.	1247	59			Apoplexie.	„	Erweichung; viel Flüssigkeit.
607	w.	1247	60			Krankes Herz.	„	
608	w.	1247	77			Apoplexie.	„	Viel Flüssigkeit.
609	w.	1247	69			Pneumonie. Apoplexie.	„	Erweichung beider Sehhügel.
610	w.	1247	40			Chronischer Wahnsinn. Gastro-Enteritis.	Parchappe.	
611	w.	1247	47			Lungenschwindsucht.	Sims.	
612	w.	1247	36			Enteritis.	„	Natürliches Hirn.
613	w.	1247	27			Pneumonie.	„	Gesundes Hirn.
614	w.	1247	12			Pneumonie.	„	Congestion. Flüssigkeit.
615	m.	1245	40			Chronischer Wahnsinn. Chronische Peritonitis.	Parchappe.	
616	m.	1245	40			Wahnsinn mit Lähmung. Cerebral-Marasmus.	„	
617	w.	1245	39			Geistesstörung. Tod durch Pneumonie.	„	
618	m.	1244	66			Blödsinn und Cerebral-Hydropsie.	„	
619	w.	1242	29			Gemüthskrank.	Bergmann.	

№	Geschlecht	Hirn- gew. in Gramm.	Alter Jahre	Körper gew. in Kilo- gramm.	Körper länge in Milli- metern.	Körperbeschaffenheit, Krankheit und Todesursache.	Beobachter.	Bemerkungen.
620	w.	1241	60	48,6		Gut genährt.	Tiedemann.	
621	w.	1241	84	17,5	1079		»	
622	m.	1240	54			Geistesstörung. Gangrän.	Parchappe.	Folge eines Falls. Mit Kopfwunde.
623	m.	1240	50			Geistesstörung. Enteritis.	»	
624	w.	1240	49			Chronischer Wahnsinn. Hydrops ovarii.	»	
625	w.	1240	29			Geistesstörung. Chron. Enteritis.	»	
626	m.	1237	50			Wahnsinn mit Lähmung. Cerebral-Congestion.	»	
627	w.	1235	63			Gemüthskrank.	Bergmann.	
628	w.	1234	35			Chronischer Wahnsinn. Chronische Peritonitis.	Parchappe.	
629	m.	1230	60-70				Huschke.	
630	m.	1230	39			Pthisis.	R. Wagner.	
631	w.	1230	62			Meningitis mit Geistes- störung.	Parchappe.	
632	w.	1230	22			Akute Manie. Asphyxie.	»	Folge des Wochenbetts.
633	m.	1228	43			Gemüthskrank.	Bergmann.	
634	m.	1228	41			Gemüthskrank.	»	
635	m.	1228	39			Gemüthskrank.	»	
636	w.	1228	62			Gemüthskrank.	»	
637	w.	1228	36			Gemüthskrank.	»	
638	w.	1228	31			Gemüthskrank.	»	
639	w.	1228	28			Gemüthskrank.	»	
640	w.	1228	17			Gemüthskrank.	»	
641	m.	1226	77	üb. mit- telgross			R. Wagner.	Gehirn des berühmten Mineralogen Hausmann in Göttingen.
642	m.	1225	37			Wahnsinn mit Lähmung. Marasmus.	Parchappe.	
643	w.	1226	40			Chronischer Wahnsinn. Cerebralcongestion.	»	
644	m.	1225	60-70			Ascites.	Huschke.	
645	w.	1224	38	54,8		Gut genährt.	Tiedemann.	
646	w.	1223	67			Pthisis.	R. Wagner.	

№.	Geschlecht.	Hirn-gew. in Gramm.	Alter Jahre.	Körper gew. in Kilo-gramm.	Körper Länge in Milli-meters.	Körperbeschaffenheit, Krankheit und Todesursache.	Beobachter.	Bemerkungen.
647	w.	1223	60-70				Huschke.	
648	m.	1220	37			Wahnsinn mit Lahmung. Marasmus.	Parchappe.	
649	w.	1220	74			Geistesstörung mit Cerebralcongestion.	„	
650	w.	1220	67			Gemüthskrank.	Bergmann.	
651	m.	1218	79			Angina pectoris.	Sims.	Congestion. Erguss.
652	m.	1218	75			?	„	Flüssigkeit.
653	m.	1218	72			Pneumonie.	„	Starke Congestion. Flüssigkeit.
654	m.	1218	69			Lungenschwindsucht.	„	Flüssigkeit.
655	m.	1218	64			Magenkrebs.	„	Flüssigkeit.
656	m.	1218	64			Cerebralhämorrhagie mit Geistesstörung.	Parchappe.	
657	m.	1218	50			Wahnsinn mit Lahmung. Cerebral-Marasmus.	„	
658	m.	1218	30			Pneumon. Einfache Apoplexie.	Sims.	Starke Congestion. Wenig Flüssigkeit.
659	m.	1218	6			Apoplexie.	„	Starke Congestion.
660	w.	1218	67			Pneumonie.	„	Viel Flüssigkeit. Alte Cyste.
661	w.	1218	62			Pneumonie.	„	Starke Congestion. Flüssigkeit.
662	w.	1218	61			Apoplexie.	„	Flüssigkeit. Extravasat.
663	w.	1218	55			Krankes Herz.	„	Flüssigkeit. Starke Congestion.
664	w.	1218	44			Wahnsinn mit Lahmung. Enteritis.	Parchappe.	
665	w.	1218	40			Lungenschwindsucht.	Sims.	Starke Congestion. Flüssigkeit.
666	w.	1218	25			Typhus. Darmperforation und Enteritis.	„	Starke Congestion.
667	w.	1218	22			Lungenschwindsucht.	„	Flüssigkeit.
668	w.	1218	15			Pneumonie.	„	
669	w.	1218	12			Asiatische Cholera.	„	
670	w.	1218	12			Typhus. Meningitis.	„	Starke Congestion.
671	w.	1218	6			Phthisis.	„	Starke Congestion. Flüssigkeit.
672	m.	1217	50				Huschke.	
673	w.	1216	30			Gemüthskrank.	Bergmann.	

№	Geschlecht	Hirngew. in Gramm.	Alter Jahre	Körper gew. in Kilogramm.	Körper länge in Millimetern.	Körperbeschaffenheit, Krankheit und Todesursache.	Beobachter.	Bemerkungen.
674	m.	1215	49			Wahnsinn mit Lähmung. Cerebral-Marasmus.	Parchappe.	
675	w.	1215	6	13,4		Pleurobronchitis.	Huschke.	
676	m.	1213	50			Dickdarmgeschwüre.	"	
677	m.	1213	42			Gemüthskrank.	Bergmann.	
678	m.	1213	40			Wahnsinn mit Lähmung. Cerebralcongestion.	Parchappe.	
679	w.	1212	29				R. Wagner.	
680	m.	1210	77			Chronischer Wahnsinn. Hydrothorax.	Parchappe.	
681	m.	1210	65			Gangrän.	"	
682	w.	1210	65			Rückenmarkskrankheit mit Geistesstörung.	"	
683	w.	1210	51			Chronischer Wahnsinn. Lungenschwindsucht.	"	
684	m.	1206	28			Wahnsinn mit Lähmung Marasmus.	"	Onanist.
685	w.	1206	55			Gemüthskrank.	Bergmann.	
686	w.	1206	53			Gemüthskrank.	"	
687	w.	1206	10	14,3			Huschke.	
688	w.	1205	58			Erhängt.	"	
689	m.	1204	42			Chronischer Wahnsinn. Magenkrebs.	Parchappe.	
690	w.	1204	70				Huschke.	
691	m.	1202	44			Wahnsinn mit Lähmung. Cerebralcongestion.	Parchappe.	
692	m.	1202	39			Gemüthskrank.	Bergmann.	
693	m.	1202	13			Gemüthskrank.	"	
694	w.	1202	29			Gemüthskrank.	"	
695	m.	1200	47			Wahnsinn mit Lähmung. Cerebral-Marasmus.	Parchappe.	
696	w.	1200	76			Wahnsinn mit Lähmung. Hirnerweichung.	"	
697	w.	1200	47			Wahnsinn mit Lähmung Cerebral-Marasmus.	"	
698	m.	1198	61			Hirnerweichung u. Herzkrankh. mit Geistesstör.	"	

9

N.	Geschlecht.	Hirn- gew. in Gramm.	Alter Jahre	Körper gew. in Kilo- gramm.	Körper länge in Milli- metern.	Körperbeschaffenheit, Krankheit und Todesursache.	Beobachter.	Bemerkungen.
699	m.	1198	47			Gemüthskrank.	Bergmann.	
700	m.	1198	45			Gemüthskrank.	„	
701	m.	1198	40			Gemüthskrank.	„	
702	m.	1198	40			Gemüthskrank.	„	
703	w.	1198	82				Huschke.	Wasser in den Hirnhöhlen.
704	w.	1108	48			Gemüthskrank.	Bergmann.	
705	w.	1195	74			Chronischer Wahnsinn. Enteritis.	Parchappe.	
706	w.	1195	71			Chronischer Wahnsinn. Magen- u. Leberkrebs.	„	
707	w.	1195	55			Akute Manie. Gastro-Ent.	„	
708	w.	1195	55			Gemüthskrank.	Bergmann.	
709	w.	1195	50	48,1		Gut genährt.	Tiedemann.	
710	w.	1195	40			Akute Manie. Allgemeine Wassersucht.	Parchappe.	In Folge des Wochenbetts.
711	w.	1195	26			Gemüthskrank.	Bergmann.	
712	w.	1191	40	52,1			Huschke.	
713	w.	1191	34			Wahnsinn mit Lähmung. Marasmus.	Parchappe.	
714	m.	1190	82			Wassersucht.	Sims.	
715	m.	1190	73			Lähmung.	„	
716	m.	1190	73			Magenkrebs.	„	Viel Flüssigkeit.
717	m.	1190	85			Tuberkel im Sehhügel.	„	Erweichung; Flüssigkeit.
718	m.	1190	62			Pneumonie.	„	Flüssigkeit.
719	m.	1190	60			Apoplexie.	„	
720	m.	1190	34			Pneumonie.	„	
721	m.	1190	12			Wahnsinn und Lähmung. Cerebralcongestion.	Parchappe.	
722	m.	1190	10			Lungenschwindsucht. Epilepsie.	Sims.	
723	w.	1190	76			Krankes Herz.	„	Starke Congestion. Viele Flüssigk.
724	w.	1190	71			Magenkrebs.	„	Flüssigkeit.
725	w.	1190	50			Lungenschwindsucht. Geisteskrank.	„	Hypertrophie des Gehirns. Flüssigkeit.

No.	Geschlecht	Hirn- gew. in Gramm.	Alter Jahre	Körper gew. in Kilo- gramm.	Körper länge in Milli meters.	Körperbeschaffenheit, Krankheit und Todesursache.	Beobachter.	Bemerkungen.
726	w.	1190	50			Krebs der Gebärmutter.	Sims.	
727	w.	1190	41			Wassersucht.	„	Gesundes Gehirn.
728	w.	1190	35			Lungenschwindsucht.	„	Congestion und Flüssigkeit.
729	w.	1190	11			Lungenschwindsucht.	„	
730	m.	1189	~1			Geistesschwäche. Herz- Erweiterung.	Parchappe.	
731	m.	1188	49	57,6	1705	Muskulös.	Tiedemann.	
732	w.	1188	50			Gemüthskrank.	Bergmann.	
733	w.	1187	59			Narrheit, welche im Au- genblick des Todes vor- schwand. Enteritis.	Parchappe.	
734	w.	1187	42			Wahnsinn mit Lähmung. Cerebralcongestion.	„	
735	w.	1187	40			Meningitis und Geistes- schwäche.	„	
736	w.	1187	40			Wahnsinn mit Lähmung. Arachnoideal - Hämor- rhagie.	„	
737	w.	1187	36			Acute Meningitis mit In- termittirender Manie.	„	
738	w.	1186	51			Wahnsinn mit Lähmung. Chronische Enteritis	„	
739	w.	1185	60			Gelbsucht.	R. Wagner.	
740	w.	1183	29			Wahnsinn mit Lähmung Marasmus.	Parchappe.	
741	m.	1180	~1			Chronischer Wahnsinn. Herzkrankheit.	„	
742	m.	1180	10			Chronischer Wahnsinn. Caries im Hüftgeleuke.	„	
743	w.	1180	61			Gemüthskrank.	Dorymann.	
744	w.	1180	58			Grossen-Wahns. Pleuro- Pneumonie.	Parchappe.	
745	w.	1180	56			Gemüthskrank.	Bergmann.	
746	w.	1180	43			Wahnsinn mit Lähmung. Enteritis.	Parchappe.	
747	w.	1170	30-35			Erhängt.	Huschke.	Gesund.
748	m.	1170	3½	11,8		Hirnentzündung.	„	
749	m.	1177	60			Gemüthskrank.	Bergmann.	

9 *

No.	Geschlecht.	Hirngew. in Gramm.	Alter Jahre	Körpergew. in Kilogramm.	Körper Menge in Millimeters.	Körperbeschaffenheit, Krankheit und Todesursache.	Beobachter.	Bemerkungen.
750	w.	1177	42			Gemüthskrank.	Bergmann.	
751	m.	1175	52			Ausschwitzung in den Hirnhäuten mit Geistesstörung. Marasmus.	Parchappe.	
752	m.	1174	22				Tiedemann.	
753	m.	1172	6½			Idiotie mit Epilepsie. Marasmus.	Parchappe.	
754	m.	1171	45			Wahnsinn mit Lähmung. Cerebralcongestion.	"	
755	w.	1171	84				Huschke.	
756	w.	1171	75			Chronischer Wahnsinn. Chronische Enteritis.	Parchappe.	
757	w.	1171	50			Fieber mit Delirium. Gastro-Enteritis.	"	
758	w.	1171	47			Chronischer Wahnsinn. Chronische Gastritis.	"	
759	w.	1169	45			Gemüthskrank.	Bergmann.	
760	w.	1169	39			Gemüthskrank.	"	
761	w.	1169	35			Gemüthskrank.	"	
762	w.	1169	29			Gemüthskrank.	"	
763	w.	1167	68			Chron. Wahns. Pneumon.	Parchappe.	
764	w.	1166	70			Gelbsucht.	Huschke.	
765	w.	1165	63			Geistesstörung mit chronischer Enteritis.	Parchappe.	
766	w.	1163	71			Chronischer Wahnsinn. Marasmus.	"	Versagte sich die Nahrung.
767	m.	1162	84			Harnblasenkrankheit.	Sims.	Flüssigkeit.
768	m.	1162	65			Lähmung.	"	
769	m.	1162	58			Lungenschwindsucht.	"	
770	m.	1162	29			Lungenschwindsucht.	"	
771	m.	1162	3			Bronchitis.	"	Starke Congestion.
772	w.	1162	68			Enteritis.	"	
773	w.	1162	76			Chronische Arachnitis.	"	Congestion. Viel Flüssigkeit.
774	w.	1162	71			Apoplexie.	"	Extravasat. Viel Flüssigkeit
775	w.	1162	64			Dysenterie.	"	Tumor auf der harten Hirnhaut.

No.	Geschlecht	Hirngew. in Gramm	Alter Jahre	Körpergew. in Kilogrammen	Körperlänge in Millimetern	Körperbeschaffenheit, Krankheit und Todesursache.	Beobachter.	Bemerkungen.
776	w.	1162	63			Typhus. Phrenitis.	Sims.	Starke Congestion.
777	w.	1162	57			Lungenschwindsucht. Krankes Herz.	"	Flüssigkeit.
778	w.	1162	55			Krankes Herz.	"	
779	w.	1162	30			Brand. Geisteskrank.	"	Flüssigkeit. Starke Congestion.
780	w.	1162	40			Peritonitis. Hirnzustand.	"	
781	w.	1162	22			Leberabscess.	"	
782	w.	1162	34			Darmdrüsenschwinds.	"	Starke Congestion.
783	w.	1162	2			Pneumonie. Entzündung der pia mater.	"	
784	m.	1160	60			Phthisis.	R. Wagner.	
785	w.	1160	70			Hirnerweichung mit Abnahme der Geisteskräfte	Parchappe.	
786	m.	1159	35				Tiedemann.	
787	w.	1158	74			Wahns. m. Lähm. Marasm.	Parchappe.	
788	w.	1156	87			Chronischer Wahnsinn. Herzerweiterung.	"	
789	w.	1156	70			Akute Meningitis.	"	Seit 11 Jahren jedes Jahr 1—2 Anfälle an Manie.
790	w.	1156	69			Chronischer Wahnsinn. Herzhypertrophie.	"	
791	w.	1156	80			Chronischer Wahnsinn. Chronische Peritonitis.	"	
792	w.	1156	42			Wahnsinn mit Lähmung. Cerebralcongestion.	"	
793	w.	1156	26			Chronischer Wahnsinn. Gastro-Enteritis.	"	
794	w.	1155	60			Erhängt.	Huschke.	
795	w.	1150	34			Wahnsinn mit Lähmung. Cerebral-Marasmus.	Parchappe.	
796	w.	1149	67			Hirnerweichung.	"	
797	w.	1145	67			Erhängt.	Huschke.	
798	m.	1144	64	44,7		Mager.	Tiedemann.	
799	m.	1144	37			Hirnerweichung mit Geistesstörung.	Parchappe.	
800	w.	1144	24	49,8		Erhängt.	Huschke.	
801	m.	1140	82	44,7		Mager.	Tiedemann.	

№	Geschlecht	Hirn-gew. in Gramm.	Alter Jahre	Körper gew. in Kilo-gramm.	Körper länge in Milli-metern.	Körperbeschaffenheit, Krankheit und Todesursache.	Beobachter.	Bemerkungen.
802	m.	1140	54			Chronischer Wahnsinn. Chronische Gastro-En-teritis.	Parchappe.	
803	m.	1140	53			Chronischer Wahnsinn. Lungenschwindsucht.	„	
804	m.	1140	40			Geistesschwäche bei Ce-rebral-Marasmus.	„	
805	m.	1140	37			Chronischer Wahnsinn. Chronische Enteritis.	„	
806	m.	1140	32			Wahnsinn mit Epilepsie.	„	
807	w.	1140	74			Chronischer Wahnsinn. Herzkrankheit.	„	
808	w.	1140	51			Gemüthskrank.	Bergmann.	
809	w.	1140	46			Chronischer Wahnsinn. Enteritis.	Parchappe.	
810	m.	1137	59				Huschke.	
811	m.	1136	64			Wahnsinn mit Lähmung. Cerebralcongestion.	Parchappe.	
812	m.	1136	2½				Tiedemann.	
813	w.	1135	70			Chronischer Wahnsinn. Cerebral-Congestion.	Parchappe.	
814	w.	1135	63			Geistesschwäche. Cere-br.-Hämorrh. Lähmung.	„	Eine apoplektische Cyste.
815	w.	1135	37			Chronischer Wahnsinn. Asphyxie	„	
816	m.	1133	53			Wassersucht.	Sims.	
817	m.	1133	27			Enteritis.	„	Gesund. Ohne Flüssigkeit.
818	m.	1133	13			Gemüthskrank.	Bergmann.	
819	w.	1133	67			Apoplexie. Erweichung.	Sims.	
820	w.	1133	55			Apoplexie.	„	Krebsartige Krankheit im Sehhügel.
821	w.	1133	53			Krankes Herz.	„	Congestion. Flüssigkeit.
822	w.	1133	50			Typhus. Geisteskrank.	„	Starke Congestion.
823	w.	1133	4	27,1		Schwindsucht.	Huschke.	
824	w.	1133	3½			Lungenschwindsucht.	Sims.	Scrophulöse Geschwulst auf der dura mater.
825	w.	1130	50			Chronischer Wahnsinn. Allgem. Tuberkulose.	Parchappe.	
826	w.	1120	23			Gemüthskrank.	Bergmann.	

71

№	Geschlecht	Hirn-gew. in Grmm.	Alter Jahre	Körper gew. in Kilo-gramm.	Körper länge in Milli-metern.	Körperbeschaffenheit, Krankheit und Todesursache.	Beobachter.	Bemerkungen.
827	m.	1126	14			Idiotie von Geburt aus.	Parchappe.	Atrophie der Stirnloppen der Hemisphären.
828	m.	1125	66			Wahnsinn mit Lahmung. Cerebral-Marasmus.	»	
829	m.	1125	15			Gemüthskrank.	Bergmann.	
830	w.	1125	49			Chronischer Wahnsinn. Herzkrankheit.	Parchappe.	
831	w.	1125	42			Akuter Wahnsinn in Form von Melanch. Chron. Pneumonie.	»	
832	w.	1125	34			Chronischer Wahnsinn. Magenkrebs.	»	
833	w.	1124	76			Chronischer Wahnsinn. Chronische Bronchitis.	»	
834	w.	1124	47			Chronischer Wahnsinn. Chronische Pneumonie.	»	
835	w.	1122	22			Lungenschwinds. Periton.	»	Tod 3 Tage nach dem Wochenbett.
836	w.	1121	10½			Gemüthskrank.	Bergmann.	
837	w.	1121	3	8,9		Scharlach.	Huschke.	
838	m.	1117	30			Idiotismus vom frühesten Lebensalter an.	Parchappe.	Vordre Hirnlappen atrophisch.
839	w.	1115	55			Chronischer Wahnsinn. Herzkrankheit.	»	
840	w.	1112	70			Geisteskrank.	Huschke.	Hirn-Wassersucht.
841	w.	1111	70			Gemüthskrank.	Bergmann.	
842	w.	1110	55			Chronischer Wahnsinn. Pleuro-Pneumonie.	Parchappe.	Intermittirende Anfälle von Manie.
843	w.	1109	29			Chronischer Wahnsinn. Lungenschwindsucht.	»	
844	w.	1106	17			Typhus.	R. Wagner.	
845	m.	1105	79			Apoplexie.	Sims.	Extravasat.
846	w.	1105	72			Chronischer Wahnsinn. Gastro-Enteritis.	Parchappe.	
847	m.	1105	70			schnitt den Hals ab.	Sims.	Congestion. Flüssigkeit.
848	m.	1105	68			Asiatische Cholera.	»	Flüssigkeit.
849	m.	1105	64			Apoplexie.	»	
850	m.	1105	63			Asiatische Cholera.	»	
851	w.	1105	73			Pneumonie.	»	Flüssigkeit.

No.	Geschlecht.	Hirn-gew. in Gramm.	Alter Jahre	Körper gew. in Kilo-gramm.	Körper länge in Milli-meters.	Körperbeschaffenheit, Krankheit und Todesursache.	Beobachter.	Bemerkungen.
852	w.	1105	70			Lungenschwindsucht.	Sims.	Alte Cyste im Corpus striatum.
853	w.	1105	60			Apoplexie.	„	Extravasat.
854	w.	1105	46			Eierstock-Wassersucht.	„	
855	w.	1105	40			Asiatische Cholera.	„	
856	w.	1105	12			Apoplexie.	„	Viel Flüssigkeit. Extravasat.
857	w.	1105	6			Lungenschwindsucht.	„	Viel Flüssigkeit.
858	m.	1101	42			Grössen-Wahnsinn. Ce- rebralcongestion.	Parchappe.	
859	m.	1100	30			Geistesstörung in Folge von Sub-Arachnoideal- Hämorrhagie.	„	
860	w.	1097	61			Chronischer Wahnsinn. Chron. Peritonitis.	„	Eierstocks-Wassersucht.
861	w.	1095	74			Hirnerweichung und Gei- stesschwäche.	„	
862	w.	1095	66			Chronischer Wahnsinn. Herz-Hypertrophie.	„	
863	w.	1095	50				R. Wagner.	
864	w.	1095	18			Rachitis, Pericarditis.	Parchappe.	Tod im Wochenbett.
865	w.	1093	79			Chronischer Wahnsinn. Cerebralcongestion.	„	
866	w.	1093	69			Hirnerweichung mit Gei- stesschwäche.	„	
867	w.	1093	49			Chronischer Wahnsinn. Gastro-Enteritis.	„	
868	w.	1093	44			Chronischer Wahnsinn. Lungenschwindsucht.	„	
869	w.	1092	3				Huschke.	
870	w.	1090	33			Wahnsinn mit Lähmung. Cerebralcongestion.	Parchappe.	
871	m.	1089	45			Wahnsinn mit Lähmung. Cerebralcongestion.	„	
872	w.	1088	44			Phthisis.	R. Wagner.	
873	m.	1081	37			Gemüthskrank.	Bergmann.	
874	m.	1081	17			Gemüthskrank.	„	
875	w.	1081	74			Gemüthskrank.	„	
876	w.	1081	40			Gemüthskrank.	„	

№	Geschlecht	Hirn- gew. in Gramm.	Alter Jahre	Körper gew. in Kilo- gramm.	Körper länge in Milli- metern.	Körperbeschaffenheit, Krankheit und Todesursache.	Beobachter.	Bemerkungen.
877	w.	1081	30			Gemüthskrank.	Bergmann.	
878	w.	1080	69			Chronischer Wahnsinn. Marasmus.	Parchappe.	
879	w.	1080	65			Chronischer Wahnsinn. Cerebralcongestion.	„	
880	w.	1078	42			Wahns. mit Uebergang in Lähmung. Cerebral-Mar.	„	
881	m.	1077	91			Apoplexie.	Sims.	Flüssigkeit. Erweichung.
882	m.	1077	70			Apoplexie.	„	Viele Flüssigkeit.
883	m.	1077	70			Apoplexie.	„	
884	m.	1077	62			Apoplexie.	„	Congestion. Flüssigkeit.
885	w.	1077	78			Lungenschwindsucht.	„	Viele Flüssigkeit.
886	w.	1077	75			Hirnerweichung.	„	Flüssigkeit.
887	w.	1077	35			Wahnsinn mit Epilepsie. Gastro-Enteritis.	Parchappe.	
888	w.	1077	6			Lungenschwindsucht.	Sims.	Viele Flüssigkeit.
889	w.	1077	4			Lungenschwindsucht.	„	Wenig Flüssigkeit.
890	w.	1074	50			Gemüthskrank.	Bergmann.	
891	w.	1074	45			Gemüthskrank.		
892	w.	1069	44			Wahnsinn mit Paralyse. Cerebralcongestion.	Parchappe.	
893	w.	1064	26			Wassersucht.	R. Wagner.	
894	m.	1062	6				Tiedemann.	
895	w.	1062	25			Wahnsinn mit Uebergang in Lähmung. Lungen- schwindsucht.	Parchappe.	
896	m.	1060	55			Chronischer Wahnsinn. Enteritis.	„	
897	w.	1060	53			Chronischer Wahnsinn. Lungenschwindsucht.	„	
898	w.	1052	46			Gemüthskrank.	Bergmann.	
899	w.	1052	41			Gemüthskrank.	„	
900	m.	1049	60			Lungenschwindsucht.	Sims.	
901	m.	1049	50			Lungenschwindsucht.	„	Flüssigkeit. Gehärtete Erweichung.
902	w.	1049	79			Hirnerweichung.	„	Viele Flüssigkeit.

Nᵒ	Geschlecht	Hirn-gew. in Gramm.	Alter Jahre	Körper gew. in Kilo-gramm.	Körper länge in Milli-metern.	Körperbeschaffenheit, Krankheit und Todesursache.	Beobachter.	Bemerkungen.
903	w.	1049	71			Phthisis.	Sims.	Gesundes Gehirn.
904	w.	1049	66			Chronische Enteritis.	„	Gesundes Hirn.
905	w.	1049	58			Abscess im Becken.	„	Viele Flüssigkeit.
906	w.	1049	4			Asiatische Cholera.	„	
907	w.	1049	3½			Lungenschwindsucht.	„	Tumor im Hirn.
908	w.	1049	3			Pneumonie. Einfache Apoplexie.	„	Congestion. Wenig Flüssigkeit.
909	w.	1049	1½			Pneumonie.	„	Natürliches Hirn.
910	w.	1040	8			Pneumonie.	„	Congestion. Viele Flüssigkeit.
911	w.	1040	64			Grössen-Wahnsinn. Sub-Arachnoid.-Hämorrhag.	Parchappe.	
912	w.	1040	38			Wahnsinn mit Uebergang in Lähmung. Cerebral-Congestion.	„	
913	w.	1045	44			Gemüthskrank.	Bergmann.	
914	w.	1043	23			Gut genährt.	Tiedemann.	
915	w.	1031	70			Chronischer Wahnsinn. Cerebralcongestion.	Parchappe.	
916	w.	1030	53			Chronischer Wahnsinn. Asphyxie.	„	Der Wahnsinn trat 3 Jahre vor dem Tod ein, nachdem die Frau die Sectine ihres Kindes mit angesehen.
917	w.	1023	31			Gemüthskrank.	Bergmann.	
918	m.	1020	70			Apoplexie.	Sims.	Alte Cyste. Flüssigkeit.
919	m.	1020	1½			Scrophulöse Geschwülste.	„	Congest. Flüssigkeit. Geschwülste.
920	w.	1020	73			Pneumonie.	„	
921	w.	1020	60			Hirnerweichung.	„	Starke Congestion. Flüssigkeit.
922	w.	1020	45			Typhus.	„	Flüssigkeit.
923	w.	1020	37			Typhus.	„	Flüssigkeit. Congestion.
924	w.	1020	32			Phthisis.	„	
925	w.	1020	3½			Pneumonie.	„	Starke Congestion.
926	w.	1007	6			Verbrennung.	R. Wagner.	
927	m.	992	2			Pneumonie.	Sims.	Congestion.
928	m.	992	1½			Rubeola. Epilepsie.	„	Flüssigkeit. Erweichung.
929	w.	992	83			Apoplexie.	„	

No.	Geschlecht	Hirngew. in Gramm.	Alter Jahre	Körpergew. in Kilogramm.	Körperlänge in Millimetern.	Körperbeschaffenheit, Krankheit und Todesursache.	Beobachter.	Bemerkungen.
930	w.	992	30			Pneumonie. Arachnitis.	Sims.	
931	w.	992	23			Lungenschwindsucht.	»	
932	w.	992	6			Hirntuberkel.	»	Viele Flüssigkeit.
933	w.	992	5			Asiatische Cholera.	»	
934	w.	992	4			Pneumon. Lungenbrand.	»	
935	m.	985	19			Gemüthskrank.	Bergmann.	
936	w.	985	68			Chronischer Wahnsinn. Magenkrebs.	Parchappe.	
937	w.	985	65			Chronischer Wahnsinn. Pleuro-Pneumonia.	»	
938	w.	980	52			Chronischer Wahnsinn. Gastro-Enteritis.	»	Von Jugend auf sehr geistesbeschränkt.
939	w.	975	48				Tiedemann.	
940	m.	970	45			Idiotismus. Gastro-Enteritis.	Parchappe.	Bedeutende Bildungsabweichungen mit Windungs-Verkümmerung.
941	w.	957	70			Gemüthskrank.	Bergmann.	
942	m.	954	1	6,6			Huschke.	Ground.
943	w.	935	2			Lungenschwindsucht.	Sims.	Starke Congestion.
944	w.	935	1½			Pneumonie.	»	Natürliches Hirn.
945	w.	913	58			Gemüthskrank.	Bergmann.	
946	w.	911	2	6,6		Allgemeine Rhachitis.	Huschke.	
947	m.	907	1			Gekrösedrüsenschwinds.	Sims.	
948	w.	907	73			Lungenschwindsucht.	»	Flüssigkeit. Atrophie.
949	m.	879	1			Pneumonie.	»	
950	w.	879	1½			Pneumonie.	»	
951	w.	879	1			Pneumonie.	»	Congestion. Viele Flüssigkeit.
952	w.	847	1½				Huschke.	Viel Wasser in den Hirnhöhlen. Abgemagert.
953	w.	842	5				Tiedemann.	
954	m.	823	1				Huschke.	
955	w.	821	1½			Lungenschwindsucht.	Sims.	
956	m.	814	3	14,7		Gut genährt.	Tiedemann.	
957	w.	813	2	5,2		Lungenentzündung.	Huschke.	

10*

No.	Geschlecht.	Hirn-gew. in Gram.	Alter Jahre.	Körper gew. in Kilo-gramm.	Körper länge in Milli-metern.	Körperbeschaffenheit, Krankheit und Todesursache.	Beobachter.	Bemerkungen.
958	w.	784	2	6,4			Huschke.	
959	w.	787	3				Tiedemann.	
960	m.	782	1½	3,9			Huschke.	Kopfgrind.
961	w.	765	12			Apoplexie. Idiotie.	Sims.	Congestion. Viele Flüssigkeit.
962	w.	720	25			Vollständiger Idiotismus. Lungenschwindsucht.	Parchappe.	Ziemlich gleichmässig entwickeltes Gehirn mit wenig tiefen Furchen
963	m.	697	2	10,2		Gut genährt.	Tiedemann.	
964	w.	680	1½	3,9			Huschke.	

Aus dieser Tabelle, welche später noch zu andren Folgerungen die Belege geben soll, ergiebt sich dann weiter, wie sich die Gehirne nach den Altersklassen von 10 zu 10 Jahren in Bezug auf die höheren und niederen Gewichte vertheilen.

Erstes Hundert.	Jahre.	Zahl der Individuen.
Hirngewichte von 1911 — 1520 Grammen.	1 — 10	2
	11 — 20	8
	21 — 30	16
	31 — 40	33
	41 — 50	22
	51 — 60	11
	61 — 70	5
	über 70	4
Zweites Hundert.		
Hirngewichte von 1516 — 1423 Grammen.	1 — 10	0
	11 — 20	3
	21 — 30	14
	31 — 40	29
	41 — 50	25
	51 — 60	17
	61 — 70	7
	über 70	5

	Jahre.	Zahl der Individuen.
Drittes Hundert.		
Hirngewichte von 1422 — 1363 Grammen.	1 — 10	1
	11 — 20	3
	21 — 30	17
	31 — 40	24
	41 — 50	21
	51 — 60	14
	61 — 70	15
	uber 70	5
Viertes Hundert.		
Hirngewichte von 1362 — 1327 Grammen.	1 — 10	1
	11 — 20	4
	21 — 30	18
	31 — 40	23
	41 — 50	19
	51 — 60	20
	61 — 70	14
	uber 70	5
Funftes Hundert.		
Hirngewichte von 1327 — 1295 Grammen.	1 — 10	2
	11 — 20	1
	21 — 30	12
	31 — 40	21
	41 — 50	31
	51 — 60	15
	61 — 70	15
	uber 70	3
Sechstes Hundert.		
Hirngewichte von 1295 — 1247 Grammen.	1 — 10	3
	11 — 20	6
	21 — 30	11
	31 — 40	25
	41 — 50	25
	51 — 60	17
	61 — 70	9
	uber 70	4

	Jahre.	Zahl der Individuen.
Siebentes Hundert.		
Hirngewichte von 1247 — 1198 Grammen.	1 — 10	5
	11 — 20	6
	21 — 30	12
	31 — 40	16
	41 — 50	22
	51 — 60	9
	61 — 70	19
	über 70	11
Achtes Hundert.		
Hirngewichte von 1198 -- 1144 Grammen.	1 — 10	6
	11 — 20	2
	21 — 30	8
	31 — 40	18
	41 — 50	16
	51 — 60	15
	61 — 70	16
	über 70	19
Neuntes Hundert.		
Hirngewichte von 1140 — 1049 Grammen.	1 — 10	9
	11 — 20	8
	21 — 30	9
	31 — 40	10
	41 — 50	19
	51 — 60	13
	61 — 70	20
	über 70	12

Man sieht aus diesen Zusammenstellungen leicht, dass die Hälfte der Gehirne aller Menschen, nemlich von 900 Gehirnen 443 zwischen 12—1400 Grammen wiegen, dass das Gehirn etwa bei einem Neuntel der Menschen (Männer) über 1400 Grammen kommt, bei zwei Neuntel etwa unter 1100 Grammen sinkt.

Ebenso scheint sich aus dieser Tabelle zu ergeben, dass die höchsten Hirngewichte im kräftigen Alter zwischen 30 und 50 Jahren angetroffen werden, dass aber in allen Lebensaltern höchste und niedrigste Hirngewichte vorkommen.

Erklärung der Kupfertafeln.
Tab. I — VI.

Tab. I. Fig. I. Gehirn eines berühmten Naturforschers, der in der Mitte der 70er Jahre starb, in Weinstein gehärtet und dann in halber natürlicher Grösse von oben dargestellt.

Fig. II. Dasselbe in Umrissen zur Bezifferung, um die einzelnen Windungen und Hauptfurchen zu bezeichnen.

Fig. III. Gehirn eines siebenmonatlichen menschlichen Fötus in natürlicher Grösse. Im Weingeist gehärtet.

Fig. IV. Gehirn eines langarmigen Affen, Hylobates leuciscus, in natürlicher Grösse, mit Zugrundelegung der Figur von Gratiolet.

Tab. II. Vier Gehirne erwachsener Männer, wie Tab. I. Fig. I. in Weingeist gehärtet und dann in halber natürlicher Grösse, zur bequemen gegenseitigen Vergleichung in ausgeführter Darstellung von oben, und zwar:

Fig. I. Gehirn von Carl Friedrich Gauss.

Fig. II. Gehirn des ausgezeichneten Mathematikers Lejeune Dirichlet.

Fig. III. Gehirn des berühmten Philologen C. F. Hermann.

Fig. IV. Gehirn eines Handarbeiters (Krebs).

Tab. III. Fig. I. Gehirn von C. F. Gauss, gerade von vorne, also die Stirnwindungen wie sie von der oberen Fläche der vorderen Lappen zur Orbitalfläche verlaufen. Natürliche Grösse nach der Behandlung in Weingeist.

Fig. II. Dieselbe Ansicht der Vorderlappen von dem Tab. II. Fig. IV. gegebenen Gehirne des Handarbeiters Krebs.

Tab. IV. Gehirn von C. F. Gauss in der Profilansicht der linken Seite in natürlicher Grösse nach der Behandlung in Weingeist.

Tab. V. Dieselben Gehirne von vier erwachsenen Männern wie Tab. II. zur Bezeichnung der einzelnen Windungen im Umrissen.

  Fig. I. Gauss.
  Fig. II. Dirichlet.
  Fig. III. Hermann.
  Fig. IV. Krebs.

Zur Vergleichung ist Fig. V. ein Orang-Utang-Gehirn von einem noch jungen Thiere in natürlicher Grösse, ohne Kleinhirn, beigefugt.

Diese Tafel dient zur Ergänzung und Vergleichung von Tab. I und II.

Tab. VI. Fig. I. Umrisstafel zur Erklärung der Figur Tab. IV, der Profil-Ansicht des Gehirns von C. F. Gauss.

Fig. II. Zur Ausfüllung des Raums ist hier die Profil-Ansicht des grossen Gehirns eines 29jährigen Mannes, nach einer photographirten Darstellung bei Huschke Tab. V. Fig. 2 beigefugt und mit gleichen Buchstaben wie Fig. I. versehen worden, um zwei ungleich entwickelte Gehirne vergleichen zu können. Vgl. die weitere Erklärung unten.

Für die Figuren auf allen Tafeln gelten gleichmässig folgende Bezeichnungen:

O. Grosse Längsspalte.

A. Vordere Centralwindung (Gyrus centralis anterior).

B. Hintere Centralwindung (Gyrus centralis posterior).

C. Centralfurche oder Rolando'sche Spalte (Fissura Rolandi).

D. Senkrechte hintere Hirnspalte (Fissura occipitalis s. posterior).

S. Sylvische Spalte (Fissura Sylvii). S¹ vordre senkrechte Verlängerung der Sylvischen Spalte. S² horizontale hintere Verlängerung der Sylvischen Spalte.

a¹ a¹ a¹ Erste oder obere Stirnlappenwindung (Gyrus frontalis primus s. superior).

a² a² a² Zweite oder mittlere Stirnlappenwindung (Gyrus frontalis secundus s. medius).

a³ a³ a³   Dritte, untere oder äussere Stirnlappenwindung (Gyrus frontalis tertius s. inferior s. externus).

b¹ b¹ b¹   Erste oder obere Scheitellappenwindung (Gyrus parietalis primus s. superior).

b² b² b²   Zweite oder mittlere Scheitellappenwindung (Gyrus parietalis secundus s. medius).

b³ b³ b³   Dritte oder untere Scheitellappenwindung (Gyrus parietalis tertius s. inferior).

c¹ c¹ c¹   Erste oder obere Schläfelappenwindung (Gyrus temporalis primus s. superior).

c² c² c²   Zweite oder mittlere Schläfelappenwindung (Gyrus temporalis secundus s. medius).

c³ c³ c³   Dritte oder untere Schläfelappenwindung (Gyrus temporalis tertius s. inferior).

d¹ d¹ d¹   Erste oder obere Hinterhauptslappenwindung (Gyrus occipitalis primus s. superior).

d² d² d²   Zweite oder mittlere Hinterhauptslappenwindung (Gyrus occipitalis secundus s. medius).

d³ d³ d³   Dritte oder untere Hinterhauptslappenwindung (Gyrus occipitalis tertius s. inferior).

Die Abbildungen der Gehirne sind in einer Weise zusammengestellt, wie sie am passendsten erschien, um gewisse Verhältnisse besonders anschaulich hervortreten zu lassen, welche in dieser Abhandlung näher berührt sind. Zeichnung und Stich sind mit grösster Sorgfalt und Treue von dem im Fache der anatomischen Darstellung rühmlichst bekannten Herrn Universitäts-Kupferstecher Loedel unter meinen Augen ausgeführt worden.

Die Hauptansichten der Gehirne von oben auf Tab. I, II und V beziehen sich zunächst auf fünf Gehirne erwachsener Männer, vier berühmter wissenschaftlicher Forscher und eines einfachen Handarbeiters. Sie sind alle nach Entfernung der Häute in Weingeist zu mässiger Härte gebracht und gleichförmig behandelt, so dass sie eine vortreffliche Basis der Vergleichung bilden können [1]).

Bei einer Beobachtung und Vergleichung dieser drei Tafeln, durch Nebeneinanderlegung derselben, treten die Unterschiede und Übereinstimmungen, auf deren plastisches Hervortreten es abgesehen war, deutlich entgegen.

Diese fünf Gehirne sind absichtlich in halber natürlicher Grösse darge-

---

[1) Eine nähere Beschreibung meiner Methode habe ich in Henle's und Pfeufer's Zeitschrift für rationelle Medizin 3te Reihe Bd. V. S. 25 gegeben — Das frische Gehirn wird nehmlich zuerst mit den Häuten gewogen, dann werden diese sorgfältig von den Windungen abgelöst, auch aus dem Inneren mit den Gefässplexus möglichst entfernt und das Gewicht nochmals bestimmt. Vorzüglich wichtig ist die Entfernung der Häute zwischen dem grossen und kleinen Gehirn und um die Zirbel, damit der Weingeist überall eindringen kann. Dann wird das Gehirn kurze Zeit in ein grosses Gefäss mit lauwarmem Wasser gebracht, alles Blut abgespült und der Rest der Häute entfernt. Diess muss mit möglichster Eile geschehen, damit das Gehirn nicht zu viel Wasser einsaugt. Hierauf bringe ich das Gehirn in ein Glasgefäss mit weiter Oeffnung, so geräumig, dass das Gehirn allenthalben 1 bis 3 Zoll von der Wand absteht. Boden und Seitenwände werden nun mit Baumwolle dicht belegt, das Gehirn darauf gesetzt und gewöhnlicher Weingeist zugegossen; durch Druck mit der Hand und Aufstopfen und Andrucken der Baumwolle wird das Gehirn in seine natürliche Form gebracht und das Ganze 24 Stunden bei kühler Temperatur hingestellt, der Weingeist alle 3 bis 4 Tage, im Ganzen drei bis viermal gewechselt, das Gehirn öfter umgewendet und in die richtige Form gebracht, bis es die nöthige Festigkeit erhalten hat. Der Weingeist zieht nur Wasser und Cholestearin aus und begreiflicher Weise verliert das Gehirn an Gewicht, allmählig ein volles Drittheil, und verkleinert sich dem entsprechend, bis kein merklicher Gewichtsverlust mehr eintritt. Am besten gerathen die Gehirne im Winter; bei wärmerer Jahreszeit müssen sie anfangs in kalte Keller gesetzt werden. Nach wiederholter Uebung ist es mir gelungen, die Gehirne in schönster Form zu erhalten und ich ziehe diese einfache Methode jeder andren vor. Solche Gehirne können dann auch später leicht verpackt und versendet werden und gestatten das beste Studium der Oberflächenverhältnisse. Etwas abgeplatteter erscheinen die Gehirne natürlich immer bei dieser Aufbewahrungsart, aber die grossen Verunstaltungen, die sehr abgeplattete Form u. s. w., welche man häufig bei menschlichen Gehirnen in anatomischen Museen trifft, werden verhütet.]

stellt. Indem man dadurch nur kleinere Flächen mit den tastenden Augenaxen zu durchmustern hat, wird es viel leichter, als bei der Darstellung in natürlicher Grösse, eine Anzahl Gehirne mit einander zu vergleichen und auf diese Weise verwickelte Verhältnisse, wie die der Windungen, rasch und klar aufzufassen.

Tab. I. Fig. I und II. ist das Gehirn eines in den siebziger Jahren verstorbenen berühmten Naturforschers den Gehirnen auf der folgenden Tafel entsprechend ausgeführt und in Umrissen mit der Bezifferung dargestellt. Es gehörte einem Manne von grosser Statur an, ist aber doch unter den dargestellten fünf männlichen Gehirnen das leichteste, kleinste und in Bezug auf die Windungsverhältnisse am einfachsten gehaltne, weshalb ich es hier zur Basis der Vergleichung voran stellte. Die Rolando'sche Spalte C verläuft in ihrem Ursprunge aus der grossen Längsspalte und in ihrem mittleren Theile so, dass die vor ihr liegenden Windungszüge (vordre Centralwindung A und Stirnlappenwindungen a^1 a^2 a^3) die grössere vordere Hälfte der Hemisphären bilden. Sehr auffallend dickwulstig, ohne stärkere Spaltung, Inselbildung und oberflächliche Furchen treten die Stirnwindungen, insbesondre die erste Stirnlappenwindung a^1 a^1 a^1, auf beiden Seiten auf. Hierdurch erscheinen auch die beiden Hemisphären weniger asymmetrisch in ihren Furchen und Windungen; die Windungszüge beider Seiten zeigen mehr Übereinstimmung. Ich betrachte diess als ein Stehenbleiben auf einer früheren Bildungsstufe, also, wenn man will, als eine Bildungshemmung, daher solche Gehirne mehr den fötalen Gehirnen gleichen. Zu dem Entzweck ist hier zur Vergleichung Fig. III. das gleichfalls im Weingeist gehärtete Gehirn aus einem siebenmonatlichen menschlichen Fötes beigefügt, wo in den dickwulstigen Stirnlappen freilich die Windungszüge noch weniger entwickelt und abgegrenzt sind, als in dem eben beschriebenen ausgebildeten Gehirne.

Das in der Zusammensetzung der Windungen zunächst folgende Gehirn ist das auf Tab. II. Fig. IV. abgebildete und Tab. V. Fig. IV. in Umrissen dargestellte und bezifferte eines Handarbeiters Namens Krebs (Nr. 561 der Hirngewichtstabelle), eines einfachen, schlichten aber verständigen Mannes meiner Bekanntschaft aus der unteren Volksklasse, das ich kurz nach dem Tode von Gauss ausgewählt hatte, um es in allen Theilen mit dem Gehirne des grossen

11 *

mathematischen Denkers zu vergleichen [1]). An diesem Gehirne markiren sich die beiden Centralwindungen (A und B) sehr deutlich, noch deutlicher und weniger geschlängelt als im vorigen Gehirn; sie zeigen keine so tiefen Einknickungen und sekundären Furchen oder Kerben auf denselben, wie z. B. im Gehirne von Gauss (Tab. II und V. Fig. I.). Die Stirnlappen sind beträchtlich kürzer als in dem Gehirne Tab. I. Fig. I, oder wie bei Gauss (Tab. II und V. Fig. I.) oder bei Dirichlet (Tab. II. V. Fig. II.), dagegen mehr übereinstimmend mit dem Gehirne von Hermann (ib. Fig. III.). Es sind also hier beide Centralwindungen in die vordre Hälfte der Hemisphären gerückt, wenn man das ganze Gehirn durch eine Querlinie in der Mitte theilt. Die drei Stirnlappenwindungen sind einfache geschlängelte Wülste. Besonders zeichnet sich die erste Stirnlappenwindung ($a^1 a^1 a^1$) durch einfache Verhältnisse und nicht grosse Dicke aus.

Die folgende Stufe in der Zusammensetzung nimmt das Gehirn des Alterthumsforschers C. F. Hermann ein (Tab. II. V. Fig. III.). Auch hier sind die beiden Centralwindungen (A und B) deutlich markirt, wenig geschlängelt, ohne sekundäre Eindrücke auf der Oberfläche. Die Stirnlappenwindungen sind zusammengesetzter, als in den beiden bisher betrachteten Gehirnen, jedoch einfacher als in denen von Gauss und Dirichlet. Die erste Stirnlappenwindung zeigt durch sekundäre Eindrücke Neigung zur Verdoppelung.

C. F. Hermann und Gauss waren Männer von mittlerer Körpergrösse (etwas über 170 Centimeter), grösser war der Handarbeiter Krebs, noch grösser Dirichlet.

Das Gehirn dieses letztgenannten berühmten Mathematikers (Tab. II. V. Fig. II.) ist auch das grösste unter den abgebildeten [2]). Es ist diess anschei-

---

[1] Beide Gehirne sind nicht ganz so vollständig gut gehärtet und in ihrer Gestalt erhalten, wie es mir später z. B. beim Gehirne von Dirichlet und Hermann gelang, weil es die ersten waren, die ich in oben beschriebener Weise behandelte.

[2] Wie bemerkt gilt der Ausdruck „halbe Grösse" nicht von den frischen, sondern von den mehrfach mit Weingeist behandelten Gehirnen, so dass dieselben kleiner erscheinen, als im frischen Zustande. Das Gehirn von Gauss z. B. mass innerhalb der Schädelhöhle im Sagittaldurchmesser (von der Spitze des

nend, auf den ersten Blick, am meisten zusammengesetzt und zeichnet sich durch besonders starke und tiefe Furchen und geschlängelte markirte Windungen aus. Bei genauerer Vergleichung bemerkt man aber sofort, dass das Gehirn von Gauss in dieser Hinsicht dem Gehirn von Dirichlet nichts nachgieht.

In diesem Gehirne von Dirichlet sind beide Centralwindungen (A und B) auch kenntlich und unschwer aufzufinden, besonders auf der linken Hemisphäre, während sie auf der rechten durch stärkere Schlängelung und tiefere Einbiegungen wie unterbrochen erscheinen. Sehr auffallend ist die mächtige Entwickelung der Stirnlappen, sowohl nach ihrer Breite als Länge. Die Rolando'sche Spalte oder Centralfurche (C) fällt deshalb in die hintere Hälfte der Hemisphären. Besonders stark getheilt, mit Einknickungen und sekundären Eindrucken versehen ist die in zwei Längswulste zerfallene, auf beiden Seiten stark asymmetrisch angeordnete erste Stirnlappenwindung (a^1 a^1 a^1).

Im Gehirn von Gauss (Tab. II. V. Fig. I.) fällt der innere Anfang der Centralfurche (C) auf der linken Seite in die hintere Hirnhälfte, rechts ist sie etwas mehr nach vorne gerückt. Hiedurch wird die Asymmetrie der Windungsanordnung in beiden Hemisphären schon erhöht, wozu überdiess noch der verschiedene Bau und Verlauf der beiden Centralwindungen (A und B) auf beiden Seiten beiträgt. Auf der hinteren Centralwindung kommen, was selten ist, jederseits sekundäre Eindrucke vor. Durch ähnliche Verhältnisse zeichnen sich auch die sehr reich entwickelten Stirnlappenwindungen, namentlich die erste (a^1 a^1 a^1) aus, aber auch die zweite (a^2 a^2 a^2). Die Windungen sind hier dünner und feiner als bei irgend einem andren Gehirne. Auch Parietal- und Hinterhauptslappenwindungen sind hier besonders reich geglie-

---

Vorderlappens zu der des Hinterlappens) 18 Centimeter und hatte im grössten Parietaldurchmesser, also der grössten Breite, 15 Centimeter, während die denselben entsprechenden Durchmesser des im Weingeist aufbewahrten Gehirns, als die Zeichnung davon genommen wurde, 17 Centimeter in der Länge und 12 Centimeter in der Breite betrugen. Das ursprüngliche Hirngewicht von Gauss betrug 1402 Grammen, nach längerer Aufbewahrung in Weingeist nur noch 1031 Grammen.

dort. Die Gehirne von Gauss und Dirichlet zeichnen sich auch hierdurch gegen die übrigen abgebildeten aus.

Auf Taf. V. sind die vier Männergehirne von Tab. II. in Umrissen und beziffert zur Erläuterung von Tab. II. zusammengestellt, um die reine Totalanschauung dieser letzteren nicht durch Ziffern zu stören. Es ist, um doch eine weitere Figur hinzuzugeben, die Umrisszeichnung eines noch jungen Orang-Utang's, das ich zur Benutzung von Herrn Prof. Leuckart in Giessen erhielt, in die Mitte der Gehirne gestellt. Die Abbildung ist in natürlicher Grösse und zeigt zugleich den Fortschritt in der Vermehrung und Ausbildung der Windungen gegen das Gehirn vom langarmigen Affen auf Tab. I. Fig. IV. und das diesem ähnliche Gehirn des siebenmonatlichen menschlichen Fötus auf Tab. I. Fig. III.

Man sieht in diesen beiden Affengehirnen den menschlichen Grundtypus, besonders in der Anordnung der Centralwindungen und der Stirnlappenwindungen, in diesen jedoch noch mehr die fötale Anlage beim Menschen ausgedrückt, die sich dann in den letzten Monaten zu den mannichfaltigen Variationen ausbildet, wie wir dieselbe in den verschiedenen Individualitäten der Gehirne Tab. I. Fig. I und II und Tab. II. V. Fig. I—IV. soeben näher betrachtet haben. In der starken Entwickelung der Hinterhauptslappen, so wie in der deshalb weiter nach vorne vorgerückten Lage der senkrechten hinteren Hirnspalte (D, D) weichen jedoch auch die höheren Affen vom Menschen sehr ab. Die einzelnen Windungszüge des Hinterhauptslappens (d, d, d, d), wie sie sich im Menschen gliedern, können jedoch im Orang-Utang noch einzeln (d¹ d² d³) markirt werden.

Die Tab. III. ist dazu bestimmt, in einer Ansicht der Stirnlappen gerade von vorne die Unterschiede eines reicher und weniger reich entwickelten Gehirns zu zeigen. Vergleicht man hier die beiden in natürlicher Grösse gegebenen Gehirne Fig. I. von Gauss und Fig. II. von dem Handarbeiter Krebs, so überzeugt man sich, dass sich die Windungen von jenem zu diesem etwa wie vier zu drei verhalten. Die Buchstaben bezeichnen das nähere.

Tab. IV und VI. Fig. I. zeigt eine Profilansicht des Gehirns von Gauss, ebenfalls in natürlicher Grösse, nach der Behandlung mit Weingeist. Ich

habe, um ein einfaches Gehirn zur Vergleichung zu geben, absichtlich kein
neues Original gewählt, sondern die Profilansicht des Gehirns eines 20jährigen
Mannes bei Huschke Tab. V. Fig. 2. Dass diess ein Gehirn ist, welches
nach den von mir aufgestellten Categorien zu den windungsarmen oder einfachen gehört, zeigt die Ansicht desselben Gehirns von oben bei Huschke
Tab. V. Fig. 1. Für die Richtigkeit bürgt die von Huschke angewendete
Photographie, welche ich für die Darstellung solcher Präparate aus hier nicht
näher zu erörternden, aber leicht begreiflichen Gründen für weniger geeignet
halte, als eine recht sorgfältig ausgearbeitete Zeichnung, an der immer einzelne im Präparate nicht in richtiger Anschauung liegende Theile, auf deren
genauere Fixirung es gerade ankommt, besser herausgehoben werden können.
Da aber Huschke unstreitig hier ein wohl entwickeltes Gehirn eines Mannes
im Blüthenalter wählte und dasselbe auch nach einem Weingeistpräparat gefertigt ist, also beide Gehirne zur Vergleichung besonders geeignet sind, so
erschien es mir zweckmässig, dasselbe auf dem noch freien Raum der Tafel
in einer Umrisszeichnung neben die Profilansicht von Gauss zu stellen. Als
ein drittes Gehirn zur Vergleichung kann man das auf dieselbe Weise prä-
parirte und aufbewahrte Gehirn eines männlichen Negers hinzulegen, das
Tiedemann auf Tab. II. seiner oben genannten Schrift gegeben hat.

Hauptergebnisse.

Die Hauptresultate der vorliegenden Untersuchungen lassen sich in folgende Sätze gedrängt zusammenfassen:

1. Der Mensch zeigt in der Anordnung der Windungen des grossen
Gehirns einen Typus, der eigenthümlich und unter den Säugethieren nur mit
dem der Familie der Quadrumanen vergleichbar ist. Bestätigung der Ansichten
von Leuret, Huschke und Gratiolet.

2. Es existirt eine unverkennbare Parallele zwischen den einzelnen
Stufen der Hirnentwickelung beim Menschen in der Embryonalperiode und den
bleibenden Formen einzelner Gruppen und Gattungen der Ordnung der Affen[1]).

1) *Späterer Zusatz, nach Uebergabe der Abhandlung.* Als schon ein Theil der
Abhandlung gedruckt war, erhielt ich das erste Heft der Mémoires de la Société
d'Anthropologie de Paris. (1860), in welchem Gratiolet eine neue schätzbare

Diese Ansicht hatte ich schon vor 21 Jahren in meinen Icones physiologicae ausgesprochen.

3. Die niedersten Affen mit glatten, windungslosen Hemisphären nähern sich den früheren menschlichen Embryonen vor dem fünften Monat in der Hauptanordnung der Lappen und Furchen, namentlich der Sylvischen und der hinteren Hirnspalte; die menschlichen Embryonen um diese Zeit unterscheiden sich aber durch die frühe Kräuselung der Stirnlappen[1]) und das spätere Auf-

Abhandlung über Microcephalie gegeben hat. Hier spricht sich dieser geistvolle und gründliche Encephalotom p. 64 dahin aus, dass im ausgebildeten Zustande die wesentliche Anordnung der Windungen beim Menschen und den Affen eine und dieselbe sey, so dass hierin kein hinreichendes Motiv zur Trennung des Menschen von den Thieren liege, aber das Studium der Entwickelung nöthigen zu einer völligen Trennung. Gratiolet stellt als auf das strengste festgestellte Ergebniss seiner Forschungen den Satz auf: *dass das Gehirn des Menschen um so mehr von dem der Affen abweicht, je weniger es entwickelt ist.* Im Gehirne der Affen sollen nehmlich zuerst die Windungen im Schläfelappen, zuletzt die im Stirnlappen auftreten; umgekehrt beim Menschen erscheinen zuerst die Windungen der Stirnlappen und zuletzt die des Schläfelappens. Daraus ergiebt sich die Consequenz: dass keine Hemmungsbildung das menschliche Gehirn dem der Affen ähnlicher machen kann, als es nicht schon im erwachsenen Alter ohnediess ist. — Man könnte glauben, dass dieser Ausspruch und die Ansicht Gratiolet's mit dem obigen Satze in Widerspruch ständen. Diess ist jedoch nur scheinbar. Zu einer weitläufigen Auseinandersetzung ist hier nicht der Raum. Ich hoffe bei einer späteren Betrachtung der Mikrocephalen-Gehirne hierauf näher eingehen zu können. In der vorliegenden Abhandlung ist es überhaupt nicht der Zweck gewesen, eine vergleichende Morphologie und Entwickelungsgeschichte des menschlichen Gehirns zu geben. Daher habe ich es auch hier unterlassen, die sinnreichen Bezeichnungen der Windungen von Gratiolet, die er unter dem Namen plis de passage aufstellt, näher zu betrachten. Vgl. übrigens oben S. 68 Anm. 1.

1) Diese leisen Kräuselungen der Stirnlappen (wovon schon in der soeben citirten Anm. S. 68 die Rede war) sind in den Tafeln über Entwickelung des Gehirns bei Tiedemann und Reichert nicht angegeben, unstreitig weil hier die Abbildungen nach älteren Weingeistpräparaten gefertigt sind, obwohl sie auch hier noch zu sehen sind. Besser und naturgetreu ist die Abbildung bei Gratiolet sur les plis cérébraux Tab. XI. Fig. 1 und 2 von einem menschlichen Fötus von 18 Wochen.

treten der Centralspalte, während bei den Affen sich die Spalten im Schläfelappen früher markiren.

4. Die menschlichen Embryonen aus dem siebenten Monat haben eine
Aehnlichkeit mit den höheren Affen vorzüglich in der Anordnung der noch
wenig entwickelten Furchen und Windungen der Stirnlappen. Dagegen diffe-
riren alle höheren Affen durch die viel stärkere Entwickelung der Hinterhauptslappen und die mächtige hintere Hirnspalte.

5. Die Vollendung der menschlichen Hirnwindungen und Furchen erfolgt in
den letzten Schwangerschaftsmonaten, wahrscheinlich schon im achten Monat
in allen äusserlich sichtbaren Hauptverhältnissen, so dass man annehmen kann,
das Gehirn eines Greises hatte schon bei der Geburt alle Hauptwindungen eben so
vollendet, wie während des späteren Lebens. In wie weit sich etwa kleinere,
sekundäre oder tertiäre Furchen an den Rändern und in der Tiefe der Windungen später entwickeln und diese kompliziren, ist unbekannt.

6. Unter den Hirnwindungen der verschiedenen Individuen zeigen sich
beträchtliche Verschiedenheiten, so dass man reich entwickelte (windungs-
reiche, zusammengesetzte) und einfachere (windungsarme) Gehirne unterscheiden kann. Diese Ausdrücke beziehen sich jedoch nur auf stärkere Thei-
lungen, Einknickungen u. s. w. der Hauptwindungen, welche der Zahl und
Hauptanlage nach bei allen normalen Menschengehirnen, auch der verschiedenen Rassen, gleichmässig zu unterscheiden sind.

7. Die auffallendsten Verschiedenheiten kommen in den Stirnlappenwindungen vor und hier giebt es Gehirne Erwachsener, welche in ihrer Anordnung sehr an die Bildung beim Fötus im 7ten Monate erinnern, von denen
man also wohl sagen kann, dass sie wenigstens in ihrer äusseren Anordnung
auf einer früheren Bildungsstufe stehen geblieben sind.

8. Diese geringere Entwickelung der Stirnlappenwindungen zeigt sich
besonders bei weiblichen Gehirnen, so dass man sagen kann, die letzteren
nähern sich überhaupt in dieser Hinsicht mehr dem Fötal-Gehirne in seinen
letzten Bildungsstufen, vor der Vollendung der Stirnlappen [1]).

---

1) Da ich mir in dieser Abhandlung nicht die Aufgabe gestellt habe auf die Verschiedenheiten der weiblichen und männlichen Gehirne speciell einzugehen, so
unterlasse ich auch eine Kritik von Huschke's Ansichten in dieser Beziehung.

9. Es giebt aber auch männliche Gehirne dieser Art, welche somit als nahe mit dem weiblichen Typus stimmend bezeichnet werden können und weibliche Gehirne, welche durch reichere Entwickelung der Windungen sich dem Hirn der Männer annähern.

10. In der Regel sind aber die Windungen und Furchen bei Individuen in *allen* Lappen stärker entwickelt, wenn die Stirnwindungen besonders komplizirt sind.

11. Die Frage, ob bei sehr begabten und geistig thätigen Individuen die Windungen ungewöhnlich reich entwickelt sind, ist noch nicht spruchreif. Allerdings zeichnen sich einzelne Gehirne grosser Denker (G a u s s, D i r i c h l e t) durch reiche Windungen aus; aber auch bei geistig sehr thätig gewesenen Männern kommen in Bezug auf Complikation der Hirnwindungen minder reich entwickelte Gehirne (H e r m a n n, H a u s m a n n) vor.

12. Das Hinderniss, zur sicheren Entscheidung über die Grösse der Oberflächen der Hemisphären und die Quantität der hier liegenden grauen Substanz bei verschiedenen Individuen zu kommen, liegt vorzüglich in dem Mangel an genauen Messungsmethoden. Bei den grossen Schwierigkeiten, die hier sich finden, ist nur an annähernde Exaktheit nicht zu denken. Am ehesten dürften sich noch Resultate erzielen lassen, wenn man die Tiefe einzelner bekannter Hauptfurchen zwischen einzelnen Windungen auszumitteln sucht, obwohl auch hier ausserordentliche Schwierigkeiten entgegenstehen. Einfache Vergleiche und Betrachtungen der Hirnwindungen und ungefähre Schätzungen, unter einfachem Gebrauche des Cirkels und Massstabs, leisten hier noch dasselbe, als die etwa in Betracht kommenden andren Ausmessungen [1]).

---

1) Hierüber habe ich mich schon früher in einzelnen in den „Nachrichten" abgedruckten Mittheilungen an die K. Gesellschaft der Wissenschaften ausgesprochen und bemerkt, dass die öfters vorkommenden Angaben bei Sektionen geistig bedeutender Männer von besonders reich entwickelten Gehirnen ohne nähere Vergleichung andrer Gehirne werthlos sind. (*Späterer Zusatz nach Uebergabe der Abhandlung.* Herr Professor S c h a a f h a u s e n in Bonn hat die Güte gehabt, mich auf eine Stelle in „L u d w. von B e e t h o v e n's Studien von J. von S e y f r i e d" aufmerksam zu machen, wornach Dr. J o h. W a g n e r in dem Obduktionsberichte der Leiche von B e e t h o v e n sagt: „Die Windungen des Ge-

13. Die bisherigen Hirnwägungen lassen zwar in Bezug namentlich auf die übrige Körperbeschaffenheit, Grösse, Gewicht u. s. w. noch viel zu wünschen übrig, jedoch zeigt eine tabellarische Zusammenstellung einer grösseren Reihe von Hirnwägungen auch hier die grossen Schwierigkeiten, ja nahezu die Unmöglichkeit, aus den Ergebnissen der Wägungen brauchbare Resultate für allgemeinere Betrachtungen zu gewinnen.

14. Was die absoluten Hirngewichte betrifft, so scheint nur so viel gewiss, dass die höchsten Zahlen des Gesammtgewichts eines menschlichen Gehirns niemals 2000 Grammen überschreiten, so dass selbst auffallend pathologisch entartete Gehirne diese Gewichtsgrösse bisher nicht erreicht haben.

15. Alle früheren Angaben über besonders hohe Hirngewichte sehr intelligenter Männer, welche die Zahl von 2000 Grammen (Cromwell, Lord Byron) überschritten haben sollen, sind unzuverlässig oder unrichtig.

16. Allerdings nehmen einzelne Gehirne reich begabter Männer (Cuvier, Lord Byron) ihrem absoluten Gewichte nach unter nahezu tausend Gehirnen die höchsten Stellen ein, aber die Thatsache, dass andere nicht minder geistig bedeutende Männer (Gauss, Dupuytren) erst im zweiten Hundert, noch andre (Hermann, Hausmann) erst in vierten und siebenten Hundert der Tabelle ihre Stelle finden, zeigt das Unsichere der früheren Annahme.

17. Was die Altersverhältnisse betrifft, so ergiebt eine Vergleichung der Tabelle, dass die Behauptung, die höchsten absoluten Hirngewichte fielen in das Blüthenalter, in die dreissiger Jahre (Huschke) oder zwischen 40 und 50 Jahre (Sims), ebenfalls einer Limitation bedarf. Die Hinweisung auf eine Reihe von Mittelgewichten führt hier leicht irre. Die von mir gegebene Tabelle zeigt eine ungemein grosse Variation des Alters bei nahezu gleichen Hirngewichten, so dass sehr jugendliche Individuen und solche aus mittleren

hirns erschienen nochmals so tief und zahlreicher als gewöhnlich". Obwohl auch auf diese Angabe nicht so sehr viel zu geben ist, so dürfte sie doch mehr Beachtung verdienen, als andre solche gelegentliche Bemerkungen, in so ferne J. Wagner, der sektionskundige Vorgänger Rokitansky's auf dem Lehrstuhle der pathologischen Anatomie, hier offenbar als eine anzuerkennende Autorität zu betrachten ist.)

12 *

und hohen Jahren nahe beisammen stehen, wodurch obige Angaben durchaus
noch unsicher erscheinen.

18. Dagegen scheint aus grösseren Zahlenzusammenstellungen allerdings
hervorzugehen, dass im Allgemeinen die männlichen Gehirne ein grösseres
absolutes Gewicht haben, als die weiblichen. Jedoch übertreffen einzelne
gewöhnliche Weiber nicht gar selten sehr intelligente Männer an absolutem
Hirngewicht.

19. Aus einer wenn auch nicht grossen Anzahl von Wägungen scheint
sich zu ergeben, dass das relative Gewicht der grossen Hemisphären zu den
übrigen Hirntheilen bei besonders intelligenten, geistig thätigen Individuen nicht
grösser ist, als bei gewöhnlichen Menschen.

20. Das freilich nur durch eine ebenfalls nicht grosse Anzahl von Wägungen constatirte Ergebniss, dass das relative Gewicht der Hemisphären zu
den übrigen Hirntheilen bei Weibern sogar grösser ist, als bei Männern,
spricht ebenfalls dafür, dass zwischen dem Gewichte der Hemisphären und
der Grösse der Intelligenz und geistigen Arbeit kein einfaches Wechselverhältniss besteht.

Anhang

Kritische Untersuchungen über die Angaben über das Hirngewicht von Lord Byron, Cromwell, Cuvier und Dupuytren[1]).

In der siebenten Reihe meiner der K. Gesellschaft vorgelegten Hirnuntersuchungen (vgl. Nachrichten vom 29. Febr. 1860. Nr. 7. S. 68) habe ich die ungewöhnlich hohen Angaben über das Hirngewicht von Cromwell und Lord Byron als unmöglich bezeichnet und zugleich der Controversen in den Angaben über die Gewichte des Gehirns von Cuvier und Dupuytren gedacht. Es freut mich, nunmehr im Stande zu sein, auf Grund einiger Mittheilungen des Herrn Dr. Schuchardt dahier, zunächst über das Hirngewicht des Lord Byron weitere Auskunft geben zu können. Herr Dr. Schuchardt hat aus eigenem Antriebe und Interesse an der Sache auf unsrer Bibliothek Recherchen angestellt und mir seine Notizen und Vermuthungen gütigst mitgetheilt, welche zu interessanten Ergebnissen geführt haben, die ich um so mehr bekannt zu machen mich veranlasst fühle, als nach eigener Einsicht der betreffenden Literatur ich die Ansicht des Herrn Dr. Schuchardt vollkommen theile. Derselbe hat mir folgende Notiz übergeben: „Die Leiche Lord Byron's, welcher im April 1824 in Missolunghi nach sehr heftigen Gemuthsaufregungen an Hirnentzündung starb, wurde nach Zante und von da nach England gebracht. Ueber Zeit und Ort seiner Sektion habe ich nichts auffinden können. Die Resultate seiner Sektion sind in der Gazette de santé vom 25. Août 1825 von dem Redacteur derselben, Antoine Miquel, mitgetheilt und daraus in: the medico-chirurgical Review New Serie. Vol. II.

---

1) Auszug aus einer der K. Gesellschaft der Wissenschaften übergebenen Mittheilung vom 20. März 1860. Vgl. Nachrichten von der G. A. Universität und der Königlichen Gesellsch. d. W. 1860. Nr. 12. Vom 16. April.

p. 164. (1825) übergegangen. Aus englischen Tageblättern findet sich eine in einigen Punkten von jenem Sektionsberichte abweichende Mittheilung in Froriep's Notizen Bd. IX. S. 143. An diesen beiden Orten wird das Gewicht des Gehirns zu 6 Medicinal-Pfunden (Six medicinal-pounds) angegeben. Es fragt sich nun, was für ein Medicinal-Pfund gemeint sei. Ist die Section in Missolunghi oder an der griechischen Küste gemacht, so dürfte wohl kaum englisches Medicinal-Gewicht zur Hand gewesen sein (wonach das Gehirn 2239 Gramme gewogen haben würde); wahrscheinlich ist an italienisches Gewicht zu denken; entweder neapolitanisch-sicilianisches oder venetianisches. Nach dem ersteren würde das Gewicht des Gehirns $= 1924$ Grm. nach letzterem $= 1807$ Grm. gewesen sein.ª

Bei den alten Beziehungen Venedigs zu Griechenland nehme ich an, dass die letztere Annahme am meisten gerechtfertigt erscheint. Das venetianische Medicinal-Pfund ist aber das leichteste von allen Pfunden und verhält sich bekanntlich zum französischen Pfunde $(= \frac{1}{2}$ Kilogramme) nahezu wie $3 : 5$. Hiernach würde das Hirngewicht Byron's zwar immer noch sehr bedeutend, aber doch nicht so abnorm sein, indem es unter das von Cuvier und unter das in meiner früheren 7ten Mittheilung aufgeführte höchste Hirngewicht eines Irren bei Bergmann mit 1815 Grammen zu stehen kommt. Dass Byron's Gehirn ein hyperämisches gewesen, weist der Sektionsbericht in den starken Entzündungserscheinungen nach. Es ist hier auch von zwei Unzen blutiger Flüssigkeit in den Höhlen die Rede, durch welche Verhältnisse auch das hohe Gewicht erklärlicher wird. Dass übrigens die Wägung genau war, ist um so mehr zu bezweifeln, als nur eine runde Summe von 6 Pfund angegeben wird.

Herr Dr. Schuchardt hat nun auf meine Bitte auch weitere Recherchen über die Angaben in Betreff des Gehirns Cromwell's angestellt. Ich hatte in meinem Aufsatze nur die deutsche Ausgabe von Soemmerring's Anatomie nachgesehen; in der lateinischen ist als nächste Quelle Baldinger's Neues Magazin für Aerzte. Bd. 4. 1782. S. 370 angegeben. Diese Angabe stammt aus einem älteren Werke[1]), welches Herr Dr. Schuchardt nachgesehen

---

1) Diess Werk hat den Titel: Anabaptisticum et enthusiasticum Pantheon und Geistliches Rüst-Haus wider die Alten Quaker und neuen Frey-Geister etc. Im Jahre Christi 1702. fol. Hierin ist ein Aufsatz: der verschmitzte Welt-Mann

hat und worin allerdings 6¼ Pfund als Gewicht genannt werden. Nimmt man dieselben auch nur als Troy Gewicht statt des schwereren Avoir du pois, so kommen doch 2330 Grammen, also mehr, als Huschke berechnet (2233 Grammen) heraus. Da nun wohl diese ganze Angabe sehr unzuverlässig ist, so ist auf dieselbe gar kein Werth weiter zu legen.

Wegen des Gehirns von Cuvier hatte ich mich an Herrn Dr. Kühne, welcher dermalen in Paris verweilt, gewendet, der den Originalbericht der Sektion in der Lancette française von 1832 nachgesehen hat, wonach das Gewicht zu 3 livres, 11 onces, 4 gros et demi (also nicht zu »5 livres, 3 onces, 4 gros, 29 grains« wie bei Gratiolet zu lesen ist) angegeben wird. Die gleichen Zahlen giebt der Wiederabdruck von E. Rousseau's Bericht: note sur la maladie et la mort de G. Cuvier in den Archives générales de Médecine Mai 1831. p. 144 an, wie mir Herr Dr. Schuchardt nachgewiesen hat. Von den Gehirnhäuten ist bemerkt, dass sie ohne Entzündungserscheinungen, die Windungen zahlreich waren. Zugleich heisst es: »une grande partie de ces circonvolutions étaient surmontées au milieu d'une exuberance mamelonnée, faisant partie intégrante de ces circonvolutions.« Da ausdrücklich von »wenig« Flüssigkeit in den Hirnhöhlen die Rede ist, konnte diese keinen wesentlichen Einfluss auf das Hirngewicht haben. Herr Dr. Kühne hatte die Güte, Herrn E. Rousseau persönlich darüber zu befragen, welcher mündlich bestätigte: »dass sich auf den Windungen eine Art von kleineren aufgesetzten Windungen oder Wällen befunden haben.« Herr Gratiolet theilte Herrn Kühne mit: »dass Cuvier in seiner Jugend etwas hydrocephalisch gewesen und dass fast alle seine Kinder hydrocephalisch gestorben seien.«

---

und Scheinheilige Tyrann in Engelland Olivier Cromwel, Nebenst zweien seiner geheimuten Räthe und Creaturen Hugo Peterson und John Coocken. Samt einem Anhange von Johann Labadin. Gedruckt im Jahr 1702. fol. Hier steht S. 12 im Anfange von §. 40 Folgendes: „Nach diesem öffnete man des Cromwel's todten Körper, da denn die Eingeweide ziemlich wohl bestellet, die Leber aber angesteckt und das Gehirn 6 und 1 Viertel Pf. schwer befunden worden."

Der Bericht über die Sektion Dupuytren's befindet sich nach Herrn Dr. Kühne's Mittheilung in der Lancette française von 1835 Nr. 20 und ist daraus unstreitig in die leçons orales de clinique chirurgicale par Dupuytren publiées par les Docteurs Brierre de Boismont et Marx. Tome I. p. XXXIII übergegangen, worauf mich gleichfalls Herr Dr. Schuchardt aufmerksam zu machen die Güte hatte. Das gesammte Hirngewicht ist hier zu „deux livres quatorze onces" angegeben, während Tiedemann (das Hirn des Negers S. 9) 4 Pfund 10 Unzen Medicinal-Gewicht, Gratiolet (Anat. comp. du système nerveux Tome II. p. 110), sogar noch mehr, als bei Cuvier, nämlich „5 livres quatre onces 3 grains" verzeichnen. Man sieht, wie unsicher, verworren und mythisch selbst so nahe liegende Ereignisse in der Wissenschaft werden! [1].

----

[1] Wenn bei der Umrechnung des Medicinal-Gewichts in Grammen zwischen diesen und andren Angaben z. B. bei Huschke u. s. m. kleinere Differenzen vorkommen, so mag dies daher rühren, dass, von Rechnungsfehlern nicht zu reden, Verwechselungen zwischen dem metrischen Pfunde (= ½ Kilogramme) mit dem alten vor der ersten Revolution gültigen sogenannten poids de marc, das um ein Geringes leichter ist, vorgekommen sind oder man bediente sich der in Frankreich für das Medicinal-Gewicht gestatteten runden Zahlen von 32 Grammen für die Unze statt des eigentlichen Grammenwerths der letzteren von 31,25.

Verbesserung:

S. 84. Z. 6 und 8 von unten lies S. 12 statt S. 68.

Göttingen,
Druck der Dieterichschen Universitäts-Buchdruckerei
(W. Fr. Kaestner.)

Vorstudien

zu einer wissenschaftlichen

Morphologie und Physiologie

des

menschlichen Gehirns als Seelenorgan

von

Rudolph Wagner.

Zweite Abhandlung.

Über den Hirnbau der Mikrocephalen mit vergleichender Rücksicht auf den
Bau des Gehirns der normalen Menschen und der Quadrumanen.

Mit fünf Steintafeln.

Göttingen,
Verlag der Dieterichschen Buchhandlung.
1862.